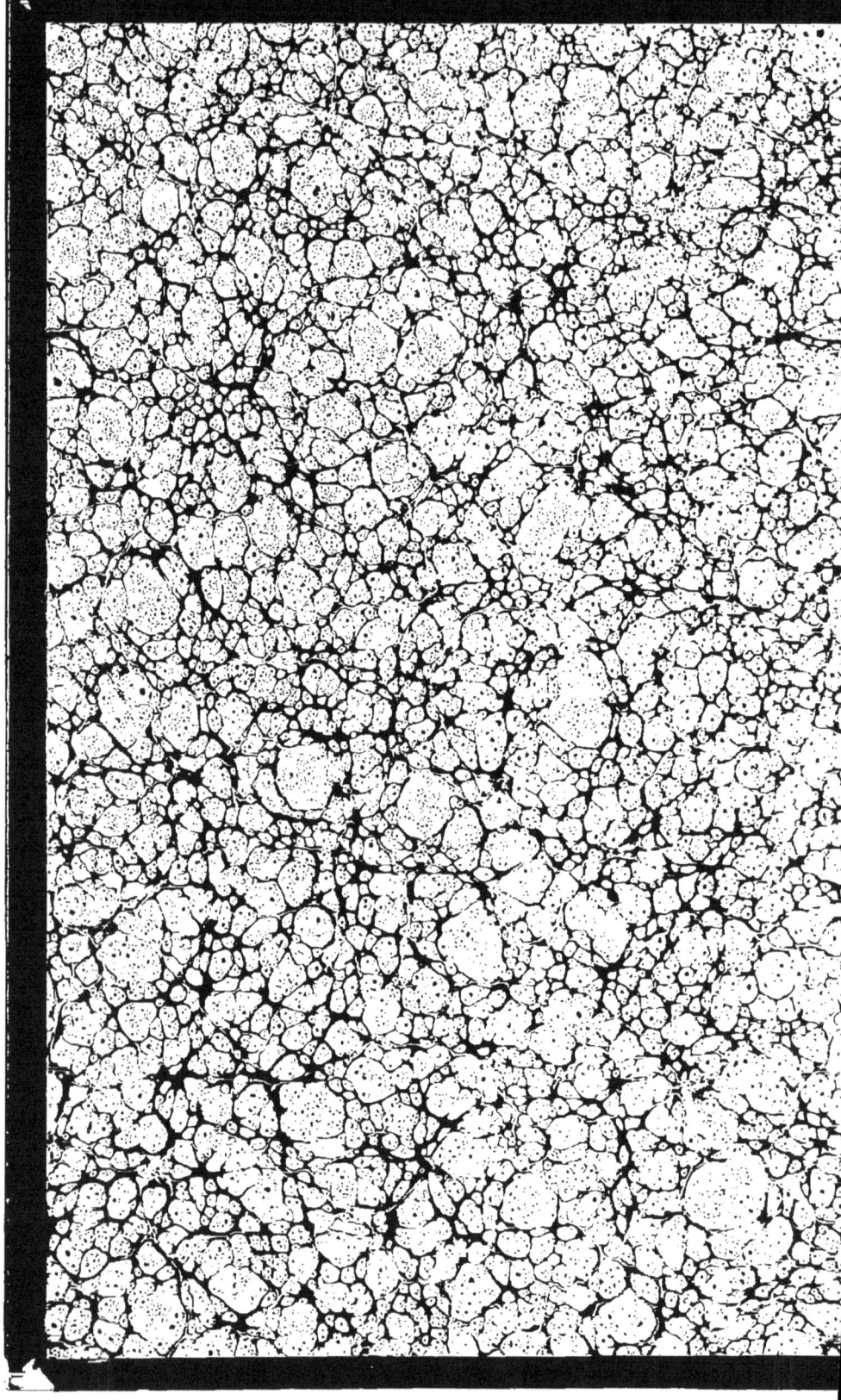

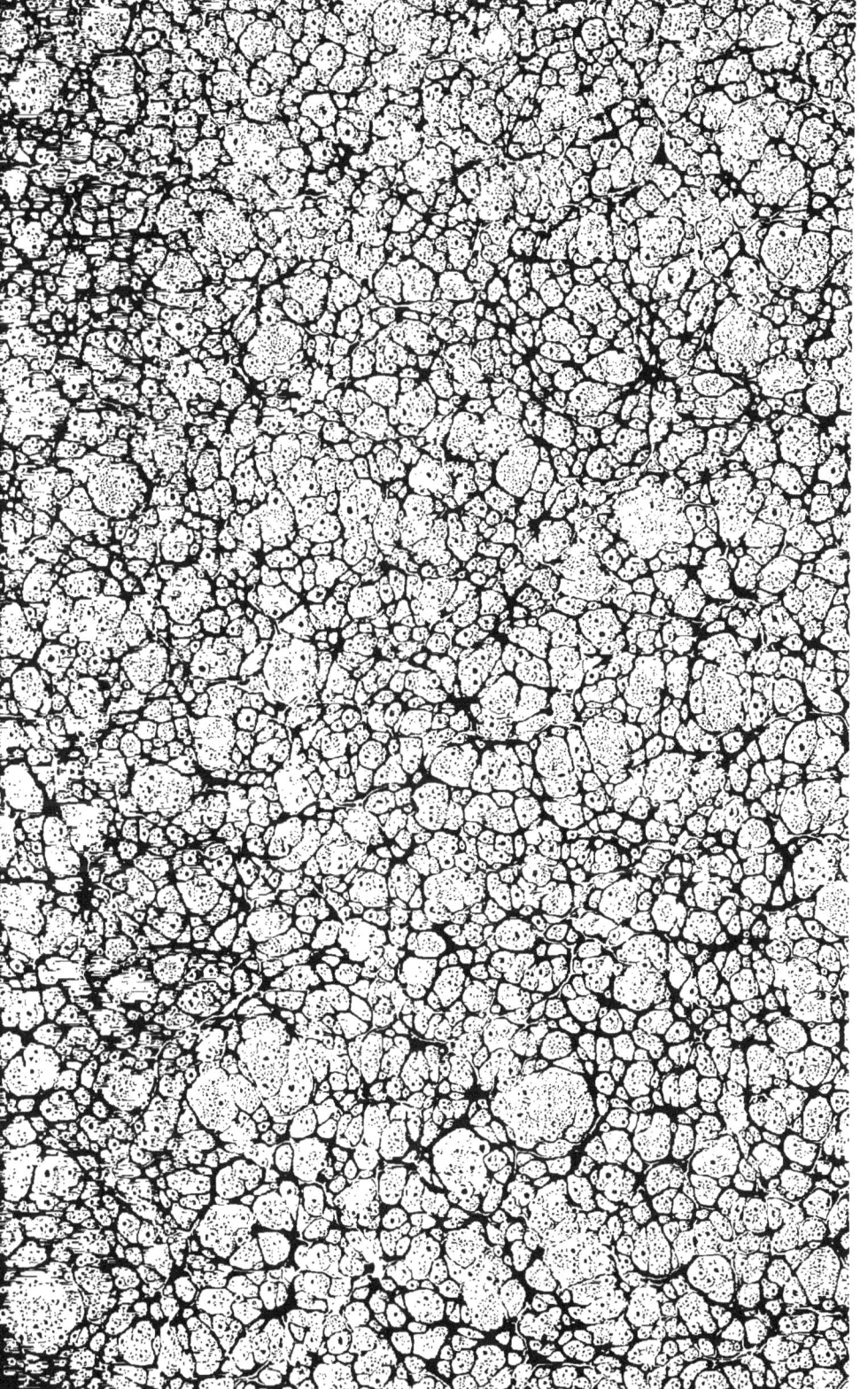

L'ARMÉE FRANÇAISE

EN ÉGYPTE

JOURNAL D'UN OFFICIER DE L'ARMÉE D'ÉGYPTE

L'ARMÉE FRANÇAISE

EN ÉGYPTE

1798-1801

MANUSCRIT MIS EN ORDRE ET PUBLIÉ

PAR

H. GALLI

PARIS

G. CHARPENTIER, ÉDITEUR

13, RUE DE GRENELLE-SAINT-GERMAIN, 13

1883

Tous droits réservés

Le traité de Campo-Formio venait d'assurer la paix sur le continent à la république française ; mais la guerre continuait implacable sur mer entre l'Angleterre et la France. Bonaparte, rentré triomphalement à Paris le 5 décembre 1797, était descendu dans son petit hôtel de la rue Chantereine, baptisée à cette occasion rue de la Victoire ; son retour avait été accueilli avec un véritable enthousiasme par la population parisienne. Le nom de Bonaparte était acclamé partout ; la poésie et les arts popularisaient le jeune héros, le sauveur de la patrie, dont jamais la gloire ne fut plus lumineuse qu'au retour d'Italie.

Le Directoire ne considérait pas sans défiance la présence à Paris de ce soldat victorieux qui avait plus d'une fois manifesté le dédain et le mépris à l'égard des représentants de la nation; mais l'accueil fait par le gouvernement au général n'en fut pas moins ardent d'admiration et de reconnaissance beaucoup plus apparentes que réelles. Barras donna publiquement, au nom du Directoire, l'accolade à Bonaparte.

De grandes fêtes furent organisées en son honneur; puis, ainsi qu'il arrive toujours à Paris, l'enthousiasme fit bientôt place à la curiosité; enfin la curiosité elle-même disparut. Le scepticisme reprit le dessus. Bonaparte fut discuté, son prestige s'éclipsa; le héros d'hier, inactif à Paris, y menait la vie vulgaire de tout le monde; examiné, analysé, il descendit du piédestal sur lequel on l'avait juché et prit des proportions beaucoup plus modestes. Les anecdotes plus ou moins authentiques et les bons mots rapetissèrent encore l'idole de la veille. Bonaparte le comprit si bien qu'il disait à ses intimes (1) :

— On ne conserve à Paris le souvenir de rien; si je reste longtemps sans rien faire, je suis perdu. On ne m'aura pas vu trois fois au spectacle qu'on ne me regardera plus.

A tout prix, il fallait donc recouvrer ce prestige, et frapper les imaginations par de nouvelles conquêtes. Et puis, à cette époque, Bonaparte rêvait

(1) *Mémoires de Napoléon.*

déjà de s'emparer du pouvoir suprême; mais il se rendait compte des obstacles que rencontrerait son ambition; le Directoire n'était pas *mûr* encore. Plus tard, dans ses Mémoires, Napoléon a lui-même naïvement reconnu que « pour qu'il fût maître de la France, il fallait que le Directoire éprouvât des revers en son absence, et que son retour rappelât la victoire sous nos drapeaux ».

C'est ainsi que Bonaparte fut amené à concevoir l'expédition d'Égypte. La seule puissance en guerre avec la France était alors l'Angleterre. On avait entrepris dans nos ports et nos arsenaux maritimes de grands préparatifs en vue d'une expédition et d'un débarquement en Angleterre même, mais Bonaparte ne croyait pas au succès de ces projets chers au Directoire; il pensa alors que la puissance anglaise serait plus facilement et plus sûrement atteinte en Égypte. Tout récemment, le consul français au Caire, M. Mengallon, avait adressé des mémoires au Gouvernement sur certains actes de déprédation et sur les exactions des mameluks au détriment des Français; il avait insisté près du Directoire pour qu'une réparation éclatante fût obtenue; il avait démontré les incontestables avantages que la France pourrait retirer d'établissements militaires et commerciaux en Égypte. En s'installant dans ce pays, la France dominerait à jamais la Méditerranée; elle pourrait de là menacer militairement les colonies anglaises de l'Inde, faire de l'Egypte le marché de l'Afrique et de l'Asie. Il ajoutait que l'Égypte même était féconde en richesses de tout genre et qu'elle fournirait à la France les mêmes produits que l'Amérique.

Les rapports, très lumineux de Mengallon entraînèrent Bonaparte; dès lors il s'entoura de tout ce qui pouvait favoriser ses vues et le renseigner sur l'Égypte. Deux génies, Albuquerque et Leibniz, avaient déjà conçu longtemps avant lui le même projet gigantesque. Leibniz, dissuadant à Louis XIV l'invasion de la Hollande, objectait au grand roi :

« Sire, ce n'est pas chez eux que vous pourrez vaincre ces républicains; vous ne franchirez pas leurs digues et vous rangerez toute l'Europe de leur côté. C'est en Égypte qu'il faut frapper. Là vous trouverez la véritable route du commerce de l'Inde ; vous enlèverez ce commerce aux Hollandais; vous assurerez l'éternelle domination de la France dans le Levant, vous réjouirez toute la chrétienté, vous remplirez le monde d'étonnement et d'admiration : l'Europe vous admirera, loin de se liguer contre vous (1). »

Bossuet, dans son *Discours sur l'histoire universelle*, exprimait le même vœu. Enfin sous le règne

(1) Thiers. *Histoire de la Révolution française.*

de Louis XVI, le Gouvernement français avait songé deux fois à occuper l'Égypte; la première, pendant la guerre d'Amérique; la seconde, lorsque l'empire ottoman fut mis à deux doigts de sa perte par Joseph II et Catherine.

Bonaparte, dont la décision était prompte, n'hésita plus; il mit tout en œuvre pour hâter la campagne qu'il avait projetée. L'Égypte ne lui apparaissait pas seulement comme une riche colonie à fonder, mais aussi comme la terre classique des grandes légendes de l'antiquité. Combien sa renommée et sa gloire seraient-elles plus éclatantes lorsqu'il aurait tracé au pied des Pyramides un bulletin de victoire! L'esprit ardent de la nation française serait alors pénétré du génie de Bonaparte; dans ce lointain presque mystérieux les exploits accomplis par lui prendraient des proportions presque surhumaines.

Cette expédition enfin, — et ce fut un des principaux mobiles qui décidèrent Bonaparte — donnait satisfaction à son imagination ardente, à son esprit aventureux.

— La petite Europe, disait-il, n'est qu'une taupinière et ne fournit pas assez de gloire; il faut en demander à l'Orient, à cette terre des miracles, qui seule a vu de grands empires et de grandes révolutions et où vivent six cents millions d'hommes.

L'horreur du repos, le besoin d'action et d'imprévu devait fatalement déterminer Bonaparte à

1.

tenter les aventures de cette expédition en Égypte.

Dès que sa décision fut prise, il ne songea plus qu'à triompher des résistances du Directoire, et à mettre sans retard ses projets à exécution.

L'ordre n'était rien moins qu'assuré à l'intérieur de la république de 1798; au dehors, une coalition nouvelle se préparait; le moment était donc assez mal choisi pour éloigner les meilleures troupes de l'armée et un de ses généraux les plus habiles; mais la présence de Bonaparte à Paris était un objet d'inquiétude continuelle pour un gouvernement faible. La majorité du Directoire n'osa pas s'opposer aux projets du général; bien plus, elle s'empressa même de les favoriser, dans l'espoir de se débarrasser d'un ambitieux menaçant et dangereux.

Bonaparte ne rencontra donc pas de sérieuse opposition dans les conseils du gouvernement, mais à cette époque le trésor était à sec. Les millions d'Italie ne l'alimentaient plus; comment subvenir aux dépenses énormes d'une expédition aussi lointaine? L'occupation de la Suisse et celle de Rome furent décidées. Bonaparte a beaucoup affecté, dans ses entretiens à Sainte-Hélène, de rejeter sur le Directoire la responsabilité de ses deux agressions que rien ne justifiait et dont le seul mobile fut le pillage; mais ses dénégations tardives sont en contradiction avec les faits. Berthier, chargé d'envahir les États Romains, agissait si bien au nom de Bonaparte qu'il lui écrivait : — En m'envoyant à Rome, vous me nommez le trésorier de l'expédition d'Angleterre (le mot d'Égypte n'avait encore été prononcé ni par le général ni par le Directoire) ; je tâcherai de bien remplir la caisse (1).

A Berne, Brune s'empara de plus de 16 millions en numéraire et de 25 millions en vivres ou munitions, et en dirigea la meilleure partie directement sur Toulon. Ces conquêtes faciles et peu glorieuses opérées, les arrêtés relatifs à l'expédition d'Égypte furent signés, mais tenus secrets, pour ne pas donner l'éveil à l'escadre anglaise. Bonaparte s'occupa aussitôt de choisir ses généraux et ses troupes et de rassembler l'armée. Telles étaient son impatience et son imprévoyance que, sans tenir compte du climat, il désigna pour le suivre immédiatement plusieurs divisions de l'armée du Rhin, celles de Kléber et de Desaix qui venaient du Nord. Les autres divisions furent celles de l'armée d'Italie. Parmi les généraux, il choisit les plus énergiques, les plus aventureux, les plus dévoués, les plus jeunes ; Desaix, Kléber, Reynier, Cafarelli, Belliard, Davoust, Murat, Lannes, Marmont, Berthier et Junot.

L'armée se concentra à Marseille et à Toulon. Le secret avait été bien gardé. Ceux mêmes qui devaient prendre part à l'expédition en ignoraient

(1) M. de Barante, *Histoire du Directoire*.

complètement la véritable destination, et croyaient former l'aile gauche de l'armée d'Angleterre. En moins de six semaines, trente-six mille soldats, six mille matelots, furent sous les armes dans le midi de la France.

Comment supposer que les bataillons et les escadrons seraient dirigés par la chaude saison sur l'Égypte ? On était alors au mois de mai, l'armée ne pourrait débarquer qu'à l'époque des chaleurs les plus fortes, à la veille des inondations périodiques du Nil.

Mais Bonaparte ne voulait pas attendre ; il n'avait plus qu'un but : réaliser quand même et sans délai le projet qu'il venait de concevoir. Ce terrible joueur, dont l'enjeu était la fortune de la France et le sang de ses soldats, refusait de tenir compte de tout ce qui aurait dû retarder son action.

L'armée n'était qu'insuffisamment approvisionnée, elle allait s'engager dans ce pays lointain, avec la même insouciance qu'elle l'aurait fait sur les frontières de France. Les soldats n'étaient pas même munis de bidons.

Quant à Bonaparte, il était prêt à s'aventurer dans ce pays, sans en connaitre les ressources, au risque d'être attaqué en route par l'escadre de Nelson qui aurait eu facilement raison de notre flotte embarrassée par les transports sur lesquels fut embarquée l'armée.

La situation périlleuse de la France, les horribles souffrances de la chaleur et de la soif pendant la saison d'été, l'insuffisance des ressources et des renseignements sur l'Égypte, la rencontre possible de l'escadre anglaise : toutes ces considérations n'eurent aucune influence sur la détermination de Bonaparte ; il quitta Paris le 3 mai, passa la revue des troupes réunies à Toulon et attendit quelques jours l'arrivée des demi-brigades embarquées à Marseille. Avant de quitter le territoire français, il renouvela dans sa proclamation aux troupes les promesses cyniques faites autrefois à la veille de l'invasion d'Italie : il leur rappela la misère où il les reçut en 1796. Dans la guerre de demain, leur dit-il, vous trouverez mieux qu'en Italie « chaque soldat, au retour, aura de quoi acheter six arpents de terre ».

Le 20 mai (30 floréal) au matin, l'escadre entière et les bâtiments de transport mirent à la voile et sortirent du port. Trois convois, préparés l'un à Gênes, l'autre à Ajaccio et le troisième à Civita-Vecchia, rejoignirent l'armée quelques jours plus tard.

L'Égypte, à l'époque de l'expédition française, était encore sous la domination des Mamelucks, et ravagée depuis plusieurs siècles par des guerres intestines continues. En 1776, Mohammed-Bey laissa en mourant deux successeurs : Ibrahim et Mourad, dont l'influence et les forces militaires étaient à peu près égales. Ils comprirent que leur intérêt bien entendu leur ordonnait de rester d'accord, et ils se partagèrent le pouvoir. Après avoir lutté contre des rivaux appartenant à d'autres familles beylicales, ils eurent à combattre une armée turque qui envahit l'Égypte pour la replacer sous le joug du sultan.

Ibrahim et Mourad durent prendre la fuite. Les beys Hassan et Ismaël furent appelés à leur succéder. L'Égypte paya quarante-cinq millions au trésor impérial, et le capitan-pacha rentra victorieux à Constantinople.

Ismaël mourut peu après de la peste. Ibrahim et Mourad s'empressèrent d'attaquer Hassan, qui leur céda la place, quitta le Caire et se retira à Girgeh, dont il conserva le gouvernement.

Lorsque l'armée française débarqua en Égypte, Ibrahim et Mourad avaient donc repris le pouvoir que leur avait laissé Mohammed (1).

---

(1) Le journal d'un officier de l'armée d'Égypte a été rédigé d'après les notes laissées par M. Vertray, capitaine au 9e de ligne, retraité en 1808.

M. Vertray, volontaire en 1792, avait fait les campagnes du Nord, de Sambre-et-Meuse et d'Italie. Il était sous-lieutenant à la 9e demi-brigade lorsque son régiment fut envoyé à Marseille pour y faire partie de l'aile gauche de l'armée d'Angleterre.

Nous devons à l'obligeance de M. Ch. Vertray, son petit-fils, communication de ces notes simplement écrites et toujours intéressantes.

I

GOZZO — MALTE

Départ de Marseille. — Toulon. — Le commandant de l'Élisabeth d'Orient, vaisseau amiral. — Prise de Gozzo. — Malte.

Le 17 floréal an VI de la République française, la 9ᵉ demi-brigade, avec laquelle je venais de faire, en qualité de sous-lieutenant, les campagnes de Sambre-et-Meuse et d'Italie, reçut l'ordre de s'embarquer, à Marseille, où elle était arrivée tout récemment, ignorant encore quelle était sa destination définitive. L'embarquement eut lieu à dix heures du matin. Le bâtiment à bord duquel je me trouvais était un navire marchand, d'une assez belle allure et d'un fort tonnage. Il était commandé par le citoyen Calaman, Marseillais d'un esprit vif, original, parfois burlesque, qui nous égaya plus d'une fois pendant la traversée, lorsque la mer était calme. Pour guerrier, il ne l'était guère, et je puis en parler en connaissance de cause, ayant été témoin de son peu de goût pour les armes, lorsque nous débarquâmes à l'île de Gozzo, près Malte.

Dans la nuit du 17 au 18, le capitaine fit mettre à la voile et nous sortîmes du port, avec un vent frais, qui, même dans la rade, balançait le bâtiment comme une embarcation légère. Déjà quelques-uns donnaient des signes non équivoques d'indisposition. Les chants et les plaisanteries des soldats avaient cessé peu à peu. Tous ces braves, qui avaient fait les glorieuses et meurtrières campagnes, du Nord en 92, de Sambre-et-Meuse, d'Italie, ne résistaient pas à ce mal étrange, indéfinissable, qui brise les plus robustes. Ajoutez à cela le chagrin que nous éprouvions tous de quitter la France, encore menacée par l'étranger, pour une expédition dont le but était tenu secret. Quelles conquêtes allions-nous entreprendre, nous, vieux soldats de la république, partis volontairement, pour défendre le sol de la patrie? Vers quelle contrée lointaine allait-on nous diriger? Ces pensées moroses et le malaise que nous éprouvions presque tous nous accablai.

Quel ne fut pas l'étonnement lorsqu'on entendit jeter l'ancre! Le navire s'arrêta, mais la surprise et la déception furent grandes lorsque, étant monté sur le pont en compagnie d'autres officiers de la demi-brigade, je m'aperçus que nous n'étions pas à plus d'une lieue de distance du port de Marseille. La marche du navire avait été aussi lente que pénible.

Peu à peu, le vent s'élevait, il était devenu violent, la mer, très grosse, nous ballottait avec rage.

On s'informa près du capitaine, qui allait et venait sur le pont, en donnant bruyamment ses ordres. Lorsqu'ils furent exécutés, le citoyen Calaman, un peu plus calme, nous déclara qu'il devait attendre un temps meilleur pour continuer sa marche. C'est pourquoi il avait été obligé d'arrêter le navire, à peine sorti du port.

Nous étions à la hauteur du château d'If. Personne, est-il nécessaire de l'ajouter? ne pensait à contempler le spectacle magnifique du port de Marseille et des côtes de Provence. Le bâtiment roulait, les vagues mouillaient le pont, et je me vis forcé de descendre dans l'intérieur rempli d'odeurs nauséabondes. J'eus alors un mal de mer affreux, je croyais que je ne pourrais résister à tant de souffrances. Jamais je ne me serais imaginé ces tortures. Cela dura toute la journée du 18, et le soir seulement la mer se calma. Oh! combien je maudissais l'existence! Combien je regrettais la terre où même au milieu des privations on se sent vivre! Le soir enfin, je pris un peu de repos et quelques aliments, car le mal de mer n'est que passager, et quand les flots se calment, que le roulis cesse, le corps a bientôt repris ses forces, l'appétit revient et l'on éprouve un bien-être presque instantané.

Heureux ceux dont la constitution peut s'accoutumer au roulis! quant à moi, je n'ai jamais échappé au mal de mer.

Nous restâmes dans cette position jusqu'au 20 du même mois, les vents étant toujours contraires; enfin, ce jour-là, vers le matin on leva l'ancre, et nous cinglâmes sur Toulon (1). Mais vers quatre heures de l'après-midi les vents nous forcèrent à virer de bord et nous revînmes mouiller presque à l'endroit d'où nous étions partis ; on aurait dit que notre flottille était condamnée à l'immobilité. Je vous ferai grâce du récit des horribles souffrances que j'ai endurées pendant cette mortelle journée.

Le 21, un petit vent frais nous permit enfin de lever l'ancre, on mit à la voile derechef pour Toulon où nous allions rejoindre l'escadre, et, après une navigation de quelques heures, nous eûmes le bonheur de mouiller dans ce beau port.

Le 22, nous allâmes à Saint-Mandrier, où nous restâmes jusqu'au départ de l'escadre. J'eus alors tout le loisir de visiter Toulon, et avec quelques officiers de mes camarades je voulus me faire une idée de l'immense convoi de bâtiments de tout ordre et de tout rang, navires de guerre ou marchands, qui remplissaient la rade. Cette vue excita l'admiration et l'enthousiasme de l'armée, chacun prévoyait qu'une telle flotte et les vaillantes troupes qu'elle portait étaient destinées à de grandes actions.

Dans notre promenade à travers le port, nous visitâmes d'abord le *Sans-Culotte* et successivement plusieurs autres vaisseaux de guerre.

Un jour, le capitaine en second de l'*Élisabeth* m'invita à me rendre avec lui à bord de l'*Orient*, qui se

(1) Le gros de l'armée s'embarqua à Toulon, où Bonaparte était arrivé dans les premiers jours du mois de mai.
Voir aux notes et documents la composition de l'armée et de l'escadre.

trouvait mouillé en rade à une demi-lieue de distance de nous; j'acceptai avec d'autant plus de reconnaissance que l'offre du capitaine était pour moi une véritable bonne fortune. L'*Orient* était, en effet, le vaisseau le plus magnifique, le mieux armé et le plus imposant de toute l'escadre. Lorsque notre frêle canot aborda ce monstrueux navire, dont les flancs s'élevaient au-dessus de nous comme de hautes murailles, je ne pus contenir mon admiration. Pour pénétrer dans le vaisseau, il ne fallut gravir pas moins de trente-deux marches. Ce vaisseau prenait vingt-cinq pieds d'eau de la quille à la flottaison. Il était à trois ponts et portait 130 pièces de canons de marine en batterie. La distribution intérieure de ce colosse me surprit plus encore que sa masse ; mais je n'insiste pas, je n'en finirais plus si je voulais entrer dans le détail de sa construction (1).

Le général Bonaparte, commandant en chef de l'expédition, était à bord de ce bâtiment, sur lequel il est resté jusqu'à Alexandrie.

Plusieurs jours s'écoulèrent ainsi en rade de Toulon. Chacun de nous ignorait plus que jamais le but et les motifs de l'expédition. Rien ne nous faisait encore prévoir une campagne aussi lointaine que celle dont Bonaparte avait médité le plan.

On nous communiqua alors la proclamation suivante :

« Soldats,

» Vous êtes une des ailes de l'armée d'Angleterre.

(1) Voir aux notes et documents.

» Vous avez fait la guerre des montagnes, des plaines et des sièges ; il vous reste à faire la guerre maritime.

» Les légions romaines que vous avez quelquefois imitées, mais pas encore égalées, combattaient Carthage tour à tour sur cette même mer et aux plaines de Zama. La victoire ne les abandonna jamais, parce que constamment elles furent braves, patientes à supporter la fatigue, disciplinées et unies entre elles.

» Soldats, l'Europe a les yeux sur vous. Vous avez de grandes destinées à remplir, des batailles à livrer, des fatigues à vaincre ; vous ferez plus que vous n'avez fait pour la prospérité de la patrie, le bonheur des hommes et votre propre gloire.

» Soldats, matelots, fantassins, canonniers, soyez unis. Souvenez-vous que le jour d'une bataille vous avez tous besoin les uns des autres.

» Soldats, matelots, vous avez été jusqu'ici négligés. Aujourd'hui la plus grande sollicitude de la république est pour vous ; vous serez dignes de l'armée dont vous faites partie.

» Le génie de la liberté qui a rendu, dès sa naissance, la république l'arbitre de l'Europe, veut qu'elle le soit des mers et des nations les plus éloignées. »

Cette proclamation laissait toujours incertain le but de l'expédition.

La vie à bord des vaisseaux était bien monotone ; à peine les mouvements des embarcations en rade dissipaient-ils l'ennui et la nostalgie anticipée qui s'emparaient de l'armée inactive et déjà réduite au dur régime du bord.

Enfin le 30 floréal à 10 heures du matin, branle-bas général. Le signal venait d'être donné à l'escadre d'appareiller. A sept heures, après de curieuses manœuvres, on leva l'ancre et on cingla vers l'île de Corse; mais, après quelques heures d'une marche assez calme, le vent s'éleva avec violence. L'escadre dut s'arrêter et mouiller aux îles d'Hyères.

Les souffrances que nous avons endurées alors sur notre petit bateau, si frêle à côté de certains colosses de l'escadre, furent terribles. Quelques-uns désespéraient et se jetaient à terre, inertes, anéantis, vaincus par le mal. Pour moi, sous l'empire d'un indicible malaise, je regardais l'*Orient* résistant admirablement à la tempête, à peine incliné, tandis que nos vergues mêmes plongeaient dans la mer.

Les soldats du régiment, plusieurs officiers avaient perdu toute énergie, et les matelots ne se sentaient plus le courage de les plaisanter.

Personne, je crois, ne songeait à contempler le coup d'œil admirable de cette escadre, l'une des plus nombreuses qui aient jamais été réunies, portant vers des rives lointaines les meilleures troupes de la république.

De temps à autre, l'*Orient* échangeait des signaux avec les autres vaisseaux; mais le vent soufflait toujours plus fort, rendant impossible ou tout au moins périlleux le moindre mouvement de ces vaisseaux, très rapprochés les uns des autres.

Le citoyen Calaman lui-même avait perdu son ton railleur ; il ne parlait plus du pied marin du Marseillais, de l'ouvrage que nous faisions pour la blanchisseuse et autres plaisanteries de mauvais goût assaisonnées de gros sel provençal et d'un accent qui prêtait plus au rire que ses paroles. Au moment où, l'ancre jetée, le bâtiment se balançait encore sur ses hanches, il s'approcha du capitaine de ma compagnie, qui moins malade que moi se plaignait pourtant, lui dit : « La mer est anglaise, capitaine,
» voilà douze jours que cela dure. L'Être suprême
» n'a pas l'air de nous vouloir du bien... ça n'est pas
» naturel, et si l'on était superstitieux !... c'est
» comme un navire qui échoue en quittant le port ;
» on le renfloue, c'est possible, mais c'est de mauvais
» augure. Si Nelson, qui rôde par là, savait le mal
» que nous avons à démarrer, il n'aurait pas grand'-
» peine à filer vent arrière sur Toulon. Brueys n'est
» pas heureux, et si ça continue nous ne filerons pas
» beaucoup de nœuds. »

Puis, s'approchant de moi, il m'offrit un verre de rhum que je bus avec dégoût, mais qui me fit du bien, en arrêtant quelques minutes mes nausées incessantes.

Je venais d'apprendre que l'amiral anglais s'appelait *Nelson* et que le nôtre était *Brueys*.

Enfin, le 1ᵉʳ prairial, sur les deux heures de l'après-midi, nous mîmes à la voile sur le signal du commandant du convoi et nous fîmes route par le passage des îles d'Hyères; sur les 10 heures du soir, la mer devint de nouveau très mauvaise et l'on fut obligé de diminuer de voiles.

A minuit, la mer était si terrible que je crus pour un moment voir couler le bâtiment à fond. Nous essuyâmes deux bourrasques; l'une venant du Nord et l'autre de l'Est. Cependant, vers deux heures et demie du matin, le vent peu à peu s'apaisa, devint très faible, puis tomba tout à fait. La mer s'était calmée, l'escadre continuait à cingler vers l'île de Corse. Plusieurs officiers et moi-même nous supposâmes alors que l'armée se dirigeait sur la Sicile.

La tempête qui nous avait retenus si longtemps sur les côtes de France était, pour quelques esprits superstitieux, d'un mauvais présage; mais avec le beau temps, la bonne humeur et la gaieté gauloise reprirent le dessus; notre marche devint assez régulière.

L'escadre doubla sans difficulté les îles de Corse, de Monte-Cristo, la Sardaigne et la Sicile.

C'est le 17 prairial, à trois heures de l'après-midi, que nous arrivâmes en vue des îles Maritima, Levenzo et Favignana, situées à la pointe occidentale de la Sicile. Dans la première, à cette époque, étaient transportés les brigands si nombreux dans le royaume de Naples, condamnés à cinq, dix, quinze ou vingt ans de détention. La seconde de ces îles était réservée aux criminels condamnés à la détention perpétuelle; dans la troisième, de nombreux criminels d'État subissaient d'horribles tortures, enfermés, nous dit-on, dans les cachots des forts.

Une heure plus tard, nous aperçûmes la Sicile : le commandant du vaisseau, qui avait plus d'une fois navigué dans cette contrée, nous donna de nombreux et intéressants renseignements. Chacun espérait en faire son profit. Le bruit s'était en effet propagé d'un prochain débarquement en Sicile ; personne alors ne songeait assurément à l'Égypte : déjà chacun se réjouissait de quitter enfin l'*Élisabeth*. Quelques-uns annonçaient des mouvements imaginaires sur l'*Orient*. Les officiers supérieurs, aussi mal renseignés que nous, n'attendaient plus qu'un signal.

La terre de Sicile, éclairée par un soleil ardent, sous un ciel d'azur, nous apparaissait presque comme la terre promise.

La déception fut grande. L'*Orient* continuait sa marche, sans arborer le moindre signal. Peu à peu l'escadre, poussée par une brise favorable, s'éloigna des côtes en cinglant vers l'île de Malte.

A une très grande distance, nous aperçûmes distinctement, dans la nuit, les flammes crachées par l'Etna. Chacun de nous admirait ce spectacle imposant ; pour moi, je n'ai rien vu de plus grandiose, et, comme le temps était superbe, je ne quittai pas le pont et je suivis des yeux aussi longtemps que possible cette montagne embrasée.

J'avais ainsi oublié les ennuis et les mécomptes de la traversée, qui menaçait de se prolonger longtemps encore.

Le 21, à la pointe du jour, nous étions en vue de Malte. Des ordres furent échangés, on se prépara au combat, les convois de troupes et de munitions se rassemblèrent sous la protection de l'escadre, qui ouvrit le feu sur les fortifications de la ville.

Après deux jours de molle résistance, Malte, que beaucoup d'entre nous croyaient imprenable, capitula. Cette île, dont la capitale Lavalette est très bien fortifiée, aurait pu soutenir avec avantage un siège beaucoup plus long, mais elle avait été surprise par cette double attaque. Les remparts étaient mal armés, la garnison était insuffisante. Elle se composait exclusivement de chevaliers de Malte, parmi lesquels de nombreux Français. Bonaparte avait d'ailleurs des intelligences dans la place.

Quant à la population, elle ne pouvait songer à résister longtemps à une armée comme la nôtre.

Pendant que toute la flotte, composée de près de cinquate navires, mouillait devant Malte, notre demi-brigade débarqua dans l'île de Gozzo, voisine de la première, le 22 prairial à trois heures de l'après-midi, sur le rivage qui s'étend au bas de la hauteur de Redamkebir. Malgré la vive canonnade de l'ennemi, cette opération s'effectua rapidement et heureusement.

J'étais dans une des quatre premières barques qui marchaient à la rame, avec notre chef de brigade et le général Reynier. Plus nous avancions, plus l'ennemi redoublait son feu, mais sans succès, car nous n'eûmes que deux hommes touchés; l'un fut tué, l'autre blessé. L'endroit où nous débarquâmes était cependant hérissé de rocs, mais notre enthousiasme ne connaissait pas d'obstacles. L'ennemi, voyant l'inutilité de son feu, attendit que nous fussions arrivés au bas de la hauteur dont j'ai parlé plus haut et fit rouler sur nous des pierres énormes qui nous firent plus de mal que les coups de fusil. Notre position était difficile, vu notre petit nombre ; mais bientôt d'autres barques arrivèrent, les renforts furent mis à terre, nous rejoignirent, et au bout de peu d'instants nous étions en force pour escalader la montagne et pour en débusquer l'ennemi. Au chant de la *Marseillaise* nous avançâmes de front et nous parvînmes à gagner le sommet des escarpements. En moins de trois heures, c'est-à-dire vers six heures du soir, l'île de Gozzo et ses forts tombaient en notre pouvoir. On entendait de toutes parts les cris de Vive la République ! Nous sommes vainqueurs ! Enfin, jamais, à ce que j'ai entendu dire par de plus anciens que moi, on n'avait vu un débarquement si dangereux tourner plus rapidement à notre avantage.

Je fus chargé avec un officier du génie, nommé Geoffroy, de porter la capitulation accordée à la garnison du fort de Gozzo. Cette distinction fut certes pour moi la plus belle récompense de toute ma carrière militaire.

J'étais sous-lieutenant depuis le 5 prairial an II, c'est-à-dire depuis plus de quatre ans ; j'avais fait les campagnes de 1792 à 1798 en Belgique, sur le Rhin et en Italie, plusieurs de mes camarades étaient arrivés aux grades élevés ; mais, tel j'étais parti à l'appel de la patrie en danger, tel je restais, n'ayant d'autre passion que l'amour du pays et de la république. Heureux de l'estime toute particulière en laquelle mes chefs tenaient mon dévouement, je me sentis largement indemnisé de tant de fatigues, des dangers que j'avais courus et de l'avancement, modeste pour l'époque, que j'avais obtenu. Beaucoup, en 1798, pensaient encore de même et considéraient que le véritable mobile du soldat doit être la satisfaction du devoir accompli.

A notre arrivée, tous les habitants de l'île, sortis de leurs maisons aussitôt que le combat avait pris fin, se précipitaient au-devant de nous, tout alarmés, en nous exprimant par gestes qu'ils étaient bien disposés à se soumettre. Je m'efforçai de leur faire comprendre que la population paisible n'avait rien à craindre et que nous ne leur voulions aucun mal. Aussitôt ces pauvres gens, qui étaient affolés quelques instants auparavant, nous témoignèrent leur satisfaction et leur gratitude. Expansifs comme tous les Italiens, ils se montraient prodigues de démonstrations d'amitié ; quelques-uns nous baisaient les mains. D'autres agitaient leurs chapeaux, en poussant des vivats en notre honneur, avec un enthousiasme affecté, vraiment comique ; mais nous n'étions pas venus à Gozzo faire des études de pittoresque. Au milieu de cette foule joyeuse comme à la nouvelle d'une grande victoire, nous nous dirigeâmes vers le fort, qui était en assez piteux état.

A l'entrée se tenait un groupe d'habitants notables, très empressés comme la population à nous adresser mille protestations d'amitié et de dévouement. L'un d'eux nous remit les clefs de la place.

Le gouverneur du fort avait pris la fuite, dans la crainte de représailles. C'était, en effet, un Français émigré, traître à son pays, le marquis de Mégrigny.

Aussitôt entrés dans le fort, nous visitâmes l'arsenal et les différentes batteries, très rapprochées les unes des autres. Les magasins étaient bien pourvus d'armes et de munitions.

Cette mission accomplie, j'étais heureux de prendre enfin quelque repos à terre, et je me retirai, avec mon compagnon, dans le logement du gouverneur, en attendant les ordres du général.

La tranquillité était absolue ; le confortable de ce logement nous apparaissait comme un véritable luxe dont il fallait nous hâter de jouir, car il ne venait à l'esprit de personne que Gozzo et Malte fussent le but de l'expédition immense préparée par Bonaparte.

Nous goûtâmes ainsi quelques heures délicieuses ; à l'entrée de la nuit, le général arriva avec son état-major et des troupes, il prit possession de la place.

Les notables se présentèrent à lui et répondirent de la soumission absolue des habitants.

Le rôle que nous avions joué, mon compagnon et moi, dans la capitulation, nous désignait comme intermédiaires entre eux et les officiers ou soldats débarqués.

Nous reçûmes donc de la part des habitants de nombreux témoignages d'amitié et l'on nous offrit avec prodigalité toutes sortes de rafraîchissements dont nous avions un grand besoin.

On sera peut-être surpris que je ne parle pas des soldats qui défendaient cette île ; c'est que ses seuls défenseurs étaient les habitants, qui, ma foi, se sont courageusement conduits. Quand ils virent qu'ils ne pouvaient empêcher notre débarquement, ils se retirèrent dans le fort, firent quelque temps bonne contenance, et ne déposèrent les armes qu'après avoir jugé toute résistance inutile. Ils vinrent alors au-devant de nous, tandis que le gouverneur fuyait pour se soustraire à notre premier moment d'entraînement. Il paraît, au reste, qu'il avait recommandé aux habitants de déposer les armes aussitôt notre débarquement effectué.

Je pensai que tout cela s'était fait d'un commun accord avec le gouverneur de Malte, car il aurait fallu plus de quatre jours de siège pour forcer la Valette à capituler et le fort de Gozzo avait une position qui le mettait à l'abri d'un coup de main.

Ainsi que je le disais, le général Reynler prit possession de cette dernière place à la nuit tombante, et deux bataillons occupèrent le fort.

Le lendemain eut lieu, nous le savons déjà, la capitulation de Malte. J'ignore quelles en furent les conditions, mais je sais que cette ville a beaucoup souffert par les contributions de toute nature qui lui furent imposées. Il ne m'appartient pas de discerner quelle fut la cause de sa prompte reddition, mais je pense toujours que si cette place importante avait été sérieusement défendue par une garnison exercée, le débarquement et l'assaut nous auraient coûté cher ; la surprise fut opérée avec une précision, un ensemble, une rapidité vraiment extraordinaire, la ville se trouva investie de toutes parts, avant même qu'elle eût songé à s'opposer au débarquement de nos troupes.

Celles-ci firent preuve, dans cette opération, non seulement de courage, mais de sang-froid, ce qui est encore plus précieux à la guerre. Bonaparte lui-même avait conçu et dirigé cette entreprise hasardeuse.

Tandis que le corps principal de l'armée s'emparait de Malte, nous occupions toujours l'île de Gozzo. Trois jours s'écoulèrent, aucun ordre nouveau ne nous parvint, mais cette oisiveté ne pouvait se prolonger beaucoup. Le quatrième jour, au matin, je dus rejoindre mon corps et reprendre place à bord de l'*Élisabeth,* où plusieurs de mes camarades moins heureux que moi étaient restés en vue de l'île, sans pouvoir débarquer.

On attendait le signal d'appareiller avec une certaine impatience, dans l'espoir de savoir enfin vers quelle contrée l'escadre nous transportait ; mais cette curiosité bien légitime fut encore déçue.

Pendant notre séjour à Malte et à Gozzo, les vaisseaux s'étaient approvisionnés en eau, vin, viande fraîche, légumes, etc...; notre voyage ne touchait donc pas à sa fin. Quel en serait le terme ? on l'ignorait. Nous n'avions encore parcouru que la première étape.

L'escadre mit à la voile le 30, et fit route vers l'île de Candie avec un bon vent d'ouest. Cette journée fut signalée par une alerte, la première depuis notre départ de Toulon. Chaque vaisseau reçut avis que la flotte anglaise, commandée par l'amiral Nelson, n'était pas éloignée de nous, qu'elle nous avait devancés de quelques jours seulement, dans le désir de nous joindre et de nous attaquer sur les côtes d'Égypte près d'Alexandrie. Nelson heureusement n'avait pas été instruit de notre séjour à Malte. Le but de notre expédition, ces révélations nous l'apprenaient, était donc l'Égypte.

II

ALEXANDRIE

Le débarquement à la Tour des Arabes. — Prise d'Alexandrie. — Marche sur le Caire.

Le 8 de messidor, on signala l'île de Candie ; grâce à un vent favorable, la flotte la doubla rapidement, et le 9, nous cinglâmes vers Alexandrie, ce qui dissipa toutes les incertitudes.

Le 13, nous aperçûmes la colonne de Pompée, et quelques instants après se dessina clairement devant nos yeux cette ville d'Alexandrie qui de loin paraissait une cité superbe, et qui maintenant n'est plus qu'un monceau de décombres. J'en reparlerai plus tard.

Il y avait pourtant beaucoup de réflexions à faire sur la situation de notre armée, arrivée sur les côtes d'un pays important sans connaître les forces qui pouvaient s'opposer à notre débarquement, et sachant que d'un moment à l'autre nous pouvions avoir sur les bras une escadre anglaise considérable, d'une valeur proverbiale, et dont le voisinage avait été signalé.

Heureusement, soit par crainte d'être battue, soit par suite de mauvais renseignements, elle s'était éloignée et nous n'avions pas encore vu une seule de ses voiles. Jusqu'alors nous avions toujours ignoré notre destination ; les uns croyaient que nous débarquerions en Sardaigne, d'autres en Sicile, enfin d'autres pensaient que nous prenions un détour pour attaquer l'Angleterre, après avoir attiré ses flottes dans la Méditerranée ; personne ne connaissait un mot du but de l'expédition, excepté quelques chefs qui gardaient le silence. La crainte d'une trahison était, en pareille occasion, bien justifiée, puisque la moindre indiscrétion aurait pu donner l'éveil à la flotte anglaise. Le plus profond mystère fut ainsi gardé jusqu'au dernier moment.

Nous étions donc arrivés en vue d'Alexandrie, près de la *Tour des Arabes* (1). Je croyais inévitable le siège de la ville ; mais, grâce à la rapidité du débarquement, qui s'opéra dans la soirée et pendant toute la nuit, elle fut prise sans grande résistance, comme on va le voir.

Quant à moi, j'avais un immense désir de débarquer, je souffrais toujours du mal de mer. Les combats sur terre ne sont rien en comparaison des tortures que la navigation fait éprouver à ceux qui ne s'accoutument pas au gros temps, surtout sur de frêles navires

---

(1) Notre armée donna ce nom à la Tour du Marabout.

comme ceux sur lesquels on nous avait embarqués.

J'étais heureux de voir la terre ferme et j'appelais de tous mes vœux le moment où je pourrais récupérer cet appétit que j'avais laissé à Gozzo. Mes camarades étaient comme moi, pendant la traversée, sous l'empire d'une irrésistible mélancolie.

Enfin, le 14 messidor, nos désirs furent accomplis. L'armée débarqua à la Tour des Arabes, à trois lieues de distance environ d'Alexandrie.

La mer était très agitée, les flots couvraient nos chaloupes et semblaient vouloir empêcher notre débarquement. Cependant, comme le temps pressait, on commença l'opération, et les canots mirent à terre assez de troupes pour maintenir l'ennemi s'il se présentait.

Je croyais d'abord que nous aurions été vivement inquiétés, car on nous avait annoncé que nous serions attaqués par des troupes considérables, turques et arabes, et par l'armée des Mameluks, que l'on disait très aguerrie.

Je m'attendais donc à un combat sérieux, mais nous n'eûmes à repousser qu'un petit nombre de Mameluks qui se replièrent après un court engagement.

Le jour même, on prit de vive force Alexandrie, qui n'était gardée que par quelques troupes turques et arabes. Nous perdîmes fort peu de monde et nous nous trouvâmes tout à coup possesseurs d'un des points principaux de l'Égypte.

Nous étions contents d'être débarqués, après deux mois de roulis, de souffrances et de misères.

Mon régiment s'établit près de la Tour des Arabes,

afin d'y passer la nuit. Je commençais à m'endormir, lorsqu'une fausse alerte, occasionnée par quelques soldats ivres, réveilla tout le camp. On se remit bien vite, mais je ne parvins pas, quant à moi, à trouver du repos ; il me semblait que j'étais encore cahoté par les soubresauts du navire, et, si je me levais pour me promener dans le camp, je marchais en vacillant ; tous mes compagnons d'armes éprouvaient la même sensation.

Le 16, à cinq heures du matin, nous nous mîmes en route pour Alexandrie, afin de nous joindre à ceux qui s'y trouvaient depuis la veille. La chaleur était intolérable. Beaucoup de soldats sont tombé pendant la marche pour ne plus se relever. Nous manquions d'eau, car, depuis la Tour des Arabes jusqu'à Alexandrie, on ne trouve aucune citerne. Très fatigué moi-même, souffrant horriblement de la soif, je tombai, en arrivant sous les murs de la ville. Un volontaire de la demi-brigade puisa de l'eau fraîche à une citerne et m'en fit boire quelques gorgées, ce qui me sauva. Presque honteux de cette faiblesse, je rejoignis, le plus vite possible, mes anciens compagnons de Sambre-et-Meuse et d'Italie.

Il n'est d'ailleurs pas étonnant que beaucoup d'hommes, même rompus aux fatigues de la guerre, aient succombé dans cette marche. Ils sortaient, en effet, presque tous malades, des vaisseaux sur lesquels on les avait entassés, et s'étaient mis en marche sans vivres, sans eau et sans avoir pris de repos, dans un désert de sable échauffé par un soleil torride.

On fit camper l'armée dans les jardins d'Alexandrie : les ordres furent donnés de se pourvoir de vivres et d'eau pour trois jours.

J'appris alors que le général Kléber avait été blessé en escaladant les murailles de la place, à la tête de sa troupe.

L'ordre de départ surprit l'armée, qui pensait se reposer quelques jours ; étant prévenu, chacun s'empressa de rechercher ce qui lui paraissait indispensable ; une bouteille pour emporter de l'eau. Il nous manquait, en effet, les choses les plus nécessaires. Ainsi nous n'étions pas même pourvus de bidons.

Quoique très fatigué, excité par la curiosité, bien naturelle, je ne pus résister au désir de visiter Alexandrie.

La peste sévissait alors dans un des quartiers de cette malheureuse ville. On y assista pendant notre séjour à un spectacle abominable. Une femme pestiférée, tenant dans ses bras un enfant également atteint de l'épouvantable maladie, fut portée au cimetière et enterrée vivante, aux yeux de plus de quarante spectateurs français.

Les habitants ne se montraient guère ; la terreur que leur inspirait l'armée française était grande. Les indigènes riches s'enfermaient dans leurs maisons, je ne rencontrais que des fellahs déguenillés qui demandaient l'aumône.

Je visitai aussi, hors la ville, la colonne de Pompée (1), érigée par César ; elle est haute de quatorze

(1) La colonne de Pompée est en granit, elle a 14 pieds de hauteur ; elle fut, dit-on, érigée par César, vers l'an 710 de la fondation de Rome.

pieds et sert aujourd'hui à signaler les vaisseaux en mer.

Dans Alexandrie, Bonaparte avait commencé l'œuvre de conquête en faisant répandre par des Arabes et des gens du peuple une proclamation aux Égyptiens ainsi conçue :

« Depuis trop longtemps les Beys qui gouvernent l'Égypte insultent à la nation française, et couvrent les négociants d'avanies ; l'heure de leur châtiment est arrivée.

» Depuis trop longtemps ce ramassis d'esclaves, achetés dans le Caucase et la Géorgie, tyrannise la plus belle partie du monde ; mais Dieu, de qui tout dépend, a ordonné que leur empire finît.

» Peuples de l'Égypte, on vous dira que je viens pour détruire votre religion, ne le croyez pas ; répondez que je viens vous restituer vos droits, punir les usurpateurs, et que je respecte, plus que les Mamlouks, Dieu, son prophète et le Koran.

» Dites-leur que tous les hommes sont égaux devant Dieu : la sagesse, les talents et les vertus mettent seuls de la différence entre eux.

» Or, quelle sagesse, quels talents, quelles vertus distinguent les Mamlouks pour qu'ils aient exclusivement tout ce qui rend la vie aimable et douce ?

» Y a-t-il une belle terre ? elle appartient aux Mamlouks. Y a-t-il une belle esclave, un beau cheval, une belle maison ? tout cela appartient aux Mamlouks.

» Si l'Égypte est leur ferme, qu'ils montrent le

bail que Dieu leur en a fait. Mais Dieu est juste et miséricordieux pour le peuple ; tous les Égyptiens sont appelés à gérer toutes les places. Que les plus sages, les plus instruits et les plus vertueux gouvernent, et le peuple sera heureux.

» Il y avait jadis dans votre pays de grandes villes, de grands canaux, un grand commerce.

» Qui a tout détruit, si ce n'est l'avarice, les injustices et la tyrannie des Mamlouks?

» Quadhys, Cheikhs, Imans, Chordadgyr, dites au peuple que nous sommes aussi de vrais musulmans. N'est-ce pas nous qui avons détruit le pape, qui disait : Faites la guerre aux musulmans ? N'est-ce pas nous qui avons été dans tous les temps les oints du grand Seigneur (que Dieu accomplisse ses desseins) et l'ennemi de ses ennemis? Les Mamlouks, au contraire, ne se sont-ils pas toujours révoltés contre l'autorité du Grand Seigneur qu'ils méconnaissent encore? ils ne font que leurs caprices.

» Trois fois heureux ceux qui seront avec nous! ils prospéreront dans leur fortune et dans leur rang! Heureux ceux qui resteront neutres! ils auront le temps de nous connaître et ils se rangeront avec nous.

» Mais malheur, trois fois malheur à ceux qui s'armeront pour les Mamlouks et combattront contre nous, il n'y aura pas d'espérance pour eux ; ils périront. »

A la suite de cette proclamation venait une ordonnance qui prescrivait des mesures pour s'assurer de l'obéissance des villages et se terminait ainsi :

« Chacun restera chez lui et les prières continueront comme à l'ordinaire. Chacun remerciera Dieu de la destruction des Mamlouks et s'écriera : Gloire au sultan, gloire à l'armée française, son amie. Malédiction aux Mamlouks et bonheur au peuple d'Égypte. »

La proclamation ne produisit pas grand effet et ne rassura que médiocrement les populations égyptiennes.

Sur les cinq heures du soir, je rentrai au camp de la division Reynier, à laquelle j'appartenais, et je me reposai à l'ombre d'un palmier.

La nuit fut tranquille.

Le 17 messidor, à quatre heures du matin, la division Reynier se mit en route pour le Caire. Jusqu'à huit heures, nous marchâmes assez bien, le sable du désert n'était pas encore échauffé ; mais, à partir de cette heure, le soleil devint ardent, insupportable, et, sur les dix heures, la chaleur était si terrible que nous pouvions à peine marcher. Ceux qui avaient fait provision d'eau buvaient sans cesse ; cette provision fut vite épuisée.

Pour moi, j'endurais la soif avec résignation, j'étais moins altéré que les malheureux soldats qui, pendant deux mois de traversée, avaient vécu de salaisons, tandis que les officiers avaient eu de la nourriture fraîche ; de plus, nos hommes étaient pesamment chargés. Cependant, il faut admirer leur ténacité, leur courage ; car, s'ils se laissaient tomber, c'était à bout de forces.

Dans cette marche un phénomène de mirage nous causa de cruelles surprises. Comme le soleil était ardent, un lac d'eau salée s'était desséché ; le sel déposé brillait comme de l'eau. Bon nombre de soldats coururent en avant avec des marmites pour y puiser, mais quelle fut leur déception lorsqu'ils virent que, plus ils avançaient, plus le lac se desséchait. On se trouva plus fatigué que jamais. Le sable brûlait nos pieds ; n'étant plus brisés à la marche, nous souffrions le martyre.

Les Arabes, qui voltigeaient toujours autour de nous, inquiétaient beaucoup nos traînards. On était donc obligé d'arrêter à chaque instant la division pour leur donner le temps de rejoindre.

Nous arrivâmes, vers deux heures de l'après-midi, à la position de *Beda,* que nous devions occuper jusqu'au lendemain, et nous installâmes notre bivouac.

Aussitôt que chaque corps eut pris son rang de bataille, avant même que l'on fût formé complètement, chacun courut chercher de l'eau.

Sur la droite de notre camp se trouvait une vieille citerne, dans laquelle on put trouver à peine de quoi rafraîchir le quart de la division. Les troupes du général Desaix venaient de séjourner la veille dans cet endroit et avaient épuisé la citerne. Lorsqu'on eut tiré quelques bidons, il ne resta plus que de la vase.

Cette citerne était alimentée par une faible

source ; il fallait donc attendre que l'eau se fût renouvelée.

C'était pitié de voir autour de ce trou fétide des hommes couchés à droite et à gauche, mourant de soif, haletants et ne pouvant se désaltérer. O jour fatal ! j'ai vu de mes yeux des hommes mourants supplier, implorant la pitié de leurs camarades qui se disputaient une eau saumâtre ; j'en ai vu mourir quelques-uns au milieu de tortures atroces. La plupart des officiers donnaient un admirable exemple et, par un prodige de volonté, souffraient sans se plaindre.

Le général Reynier fit battre la générale, et la division se mit en route pour camper près d'une autre citerne. On ne s'arrêta qu'au soir, presque en désordre, après avoir perdu en route des traînards, enlevés par les Arabes. Le bivouac fut établi à Alkrie. Là nos soldats ne tardèrent pas à trouver quelques vieux puits abandonnés, presque entièrement comblés et à fleur de sol, où croupissait une eau noire comme de l'encre. Son goût était insupportable, et encore fallait-il pour arriver à ces puits infects se hasarder assez loin du camp. J'ai vu payer douze francs deux bouteilles de cette eau.

Dans la nuit, quelques coups de feu réveillèrent le camp. Nous sautâmes sur nos armes ; de proche en proche, la confusion se mit dans tous les corps. Le soldat, presque endormi, se levait, saisissait son arme, la déchargeait devant lui au hasard. Les officiers réussirent enfin à rétablir le calme en criant : « Ce n'est rien, ne tirez plus ! »

Mais quel devait être l'état de cerveaux échauffés par un soleil torride depuis deux jours, et souffrant la soif et la faim! L'imagination surexcitée donnait aux moindres mouvements des proportions énormes. Fort heureusement, les soldats, à moitié endormis, n'avaient pas dirigé leur feu, ils avaient tiré trop haut. Les pertes de cette nuit furent peu importantes. La neuvième demi-brigade n'eut qu'un tué et un blessé.

Le restant de la nuit se passa tranquillement, le sommeil m'accablait; je me creusai un lit dans le sable. Le matin, en me réveillant, j'étais littéralement engourdi par le froid.

Dans ce pays, les nuits sont aussi fraîches que les journées sont brûlantes.

Le 18, la division se mit en route vers quatre heures du matin, la soif ne m'avait pas quitté, et pour la conjurer, j'imaginai de mâcher une balle de plomb.

A peine avions-nous quitté le camp, que des coups de feu retentissaient en queue de la colonne. Les Arabes apparaissant de tous côtés vinrent encore nous harceler.

A huit heures, nous arrivâmes à Karion, où nous trouvâmes une belle citerne remplie d'une eau délicieuse, en quantité suffisante pour désaltérer une armée de quarante mille hommes. Quelle surprise délicieuse! Quelle jouissance! Nous avions enfin trouvé ce que nous cherchions depuis notre départ d'Alexandrie, — de l'eau, de l'eau claire et saine... Il faut avoir éprouvé toutes nos angoisses et notre désespoir pour comprendre quelle fut notre joie.

On alla chercher de l'eau à tour de rôle et par corvée à cette citerne, de façon à éviter le retour d'accidents nouveaux et réglementer la distribution. Une compagnie de grenadiers fit la haie tout autour pour empêcher le désordre; chaque corps, l'un après l'autre, vint remplir les bidons, les bouteilles, les marmites et tous les ustensiles dont chacun était pourvu, et en moins d'une demi-heure toute la division était désaltérée. On n'entendait plus de cris plaintifs, on ne voyait plus de soldats moribonds; au contraire, chacun était gai, vidait sa gourde en riant et s'écriait : « Ah! quelle bonne eau, j'en boirai tout
» mon soûl. Ah! si nous en avions eu autant hier,
» nous n'aurions pas tant souffert et perdu tant de
» braves camarades. »

Et chacun buvait et mangeait son morceau de biscuit trempé, heureux comme un voyageur qui arrive affamé à la meilleure table d'hôte!

L'entrain, la gaieté la plus vive se manifestèrent comme par enchantement parmi nos soldats. Ils se réunissaient par groupes et chantaient des refrains patriotiques. Les loustics avaient retrouvé le mot pour rire. On avait déjà à moitié oublié les souffrances de la veille. Le bivouac prenait l'aspect qu'il a toujours lorsque le soldat ne manque de rien. La distribution d'eau avait fait plus plaisir que n'en fait jamais, en d'autres circonstances, une copieuse distribution de vin.

Jamais, d'ailleurs, je n'avais vu boire tant d'eau,

avec une telle avidité. Nous étions en quelque sorte transformés en éponges, mais sans pouvoir être saturés ; quant à moi, cette eau me paraissait si délicieuse que je ne réussis pas à me désaltérer ; j'avais acheté à Marseille une petite tasse en fer battu, je la vidai plus de vingt fois. Comme les soldats, les officiers supérieurs ou autres, n'avaient d'autre nourriture que le biscuit trempé dans l'eau, nous dévorions ces provisions avec un appétit féroce. Jamais je n'ai fait un meilleur repas. Il m'est arrivé quelquefois de rappeler à des anciens compagnons d'armes la citerne de Karion ; aucun d'eux ne l'avait oubliée : cette halte est restée gravée dans la mémoire de tous les soldats de la division comme un des bons souvenirs de leur vie. Aucun des gîtes d'étape de l'Europe ne laissa jamais dans leur esprit une meilleure impression.

Après quelques heures d'un repos bien mérité, la division bien rafraîchie se reforma et poursuivit sa marche dans le plus grand ordre, les traînards étaient tous rentrés.

Nous arrivâmes dans un petit village, nommé El-brouk ; les régiments prirent position pour camper à l'abri de toute surprise. C'était la première localité habitée que nous rencontrions dans notre marche, depuis le débarquement à la Tour des Arabes. Je ne saurais mieux décrire ce village qu'en disant qu'il avait l'aspect d'une tanière de loups. C'était une agglomération de huttes construites en terre, basses et sales ; mais on n'y prit pas garde. Il y avait près de là une citerne de belle eau où chacun put se désaltérer à son aise ; mais après la soif vint la faim, nous n'avions pas de provisions, et nous sortions d'un mal pour tomber dans un pire.

Le 19, nous partîmes pour Damanhour, où nous arrivâmes à midi. De loin cette ville paraissait magnifique, on remarquait surtout de superbes minarets qui annonçaient une cité de premier rang. Cette vue électrisa la troupe, et la division pressa le pas pour satisfaire plutôt la curiosité générale. Mais nous fûmes bien trompés dans notre attente. La ville, qui à l'horizon prenait un aspect si grandiose, n'était ni plus ni moins qu'un grand village bâti en terre, dont l'intérieur n'offrait rien d'agréable ni d'intéressant ; les minarets étaient les seuls monuments, d'ailleurs peu remarquables, de cette ville.

Les habitants ne résistèrent pas, mais ils craignaient beaucoup le pillage et le massacre. Les Arabes bédouins qui jusqu'alors avaient harcelé notre marche et n'avaient cessé de voltiger sur nos flancs, eurent l'audace d'entrer dans le village par une autre direction ; ils vinrent ensuite dans notre camp dans le but de nous voler, et nous reconnûmes que ces prétendus ennemis qui nous avaient mis en alerte la veille et la nuit précédente n'étaient que des rôdeurs et des brigands, pas autre chose.

Il faut que je rapporte, pour bien faire comprendre notre situation, plusieurs incidents curieux qui pourront avoir au point de vue de l'histoire de cette campagne quelque intérêt. Peut-être ces détails paraîtront-ils invraisemblables ; quant à moi, j'ai été témoin de ce que je raconte. En chroniqueur mili-

4.

taire, je ne fais qu'enregistrer des scènes ou des actes que j'ai vus.

Comme nous étions absolument dépourvus de vivres et que nous avancions dans un pays ennemi et inconnu, sans convois, on fit des réquisitions. Les officiers se procurèrent tant bien que mal des vivres qu'ils payèrent.

En guise de pain, les indigènes offraient des galettes plates, de la grosseur d'un écu de six francs, cuites sur la cendre. La viande n'était pas rare, non plus que la volaille et les légumes secs : fèves ou lentilles. Nous étions affamés, chacun voulut réparer le temps perdu et profiter de l'occasion ; le marché fut envahi. Les habitants s'étaient peu à peu rassurés et vendaient volontiers leurs provisions : mais, comme ils ne connaissaient pas notre monnaie et se défiaient de nous, ils demandaient en payement des boutons d'uniforme dont ils s'exagéraient considérablement la valeur.

Un officier de hussards, ayant acheté un cheval vingt à vingt-cinq piastres d'Espagne, voulut payer en or; mais le paysan auquel l'animal appartenait refusa net, en faisant entendre à l'acheteur qu'il ne connaissait pas la monnaie française ; et, mettant la main sur les boutons qui brillaient sur le dolman de l'officier, il fit signe qu'il voulait en avoir deux pour le prix de son cheval. L'officier, peu scrupuleux, détacha ces deux boutons et emmena le cheval. Je dois reconnaître que cet exemple blâmable fut plus d'une fois imité.

Un autre Français, attaché à l'armée, peu militaire,

et encore moins cavalier, acheta un cheval à un Arabe. La bête était jolie, d'un aspect vigoureux et docile, comme le sont en général les chevaux de ce pays, habitués aux privations. Néanmoins, après avoir payé en monnaie d'argent, l'acquéreur, pour s'assurer du caractère et des allures de ce cheval, voulut le voir trotter.

L'Arabe enfourcha l'animal, il le fit caracoler, le mena de droite, de gauche, en notre présence et prouva que la bête était bonne et facile à mener ; mais notre compatriote ayant engagé l'Arabe à prendre une grande allure, chose bien inutile pour ce qu'il en voulait faire, puisqu'il suivait notre colonne d'infanterie, le cavalier piqua des deux, s'enfonça dans la plaine et ne reparut plus.

Je crois bien que notre homme visait à l'effet... on se moqua de lui, et il perdit son argent.

Après cet incident burlesque, je m'approchai d'un paysan qui vendait des poulets ; je lui demandai par signes combien il voulait les vendre. Il me répondit aussi par signes qu'il en voulait 20 parats la pièce (ce qui fait à peu près 16 sols de notre monnaie) ; je lui en pris une paire et lui donnai en payement un écu de 3 livres.

Il le tourna, le retourna, le fit sauter deux ou trois fois avec le pouce, et le fit sonner avec méfiance. Ennuyé d'attendre je lui fis comprendre qu'il devait me rendre au moins 30 parats et qu'il ne m'avait pas donné assez de marchandise pour mon argent. — Effrayé sans doute par le ton de menace que j'avais pris, il me fit signe qu'il avait compris, tira de sa ceinture une bourse déguenillée, défit un nœud, y puisa cinq ou six boutons blancs d'uniforme qu'il avait précédemment reçus de nos concitoyens comme bon argent et voulut à toute force me les faire prendre. Je lui fis comprendre que cela ne valait rien ; il parut alors si consterné que j'eus pitié de lui et que je lui laissai mon petit écu, afin de l'indemniser de la duperie dont il avait été l'objet de la part de nos soldats. Il y avait ainsi sur ce marché, de part et d'autre, des trompeurs et des trompés.

Ma promenade à travers le village terminée, je rentrais au camp, en compagnie de plusieurs officiers, lorsque nous fûmes témoins d'un spectacle aussi navrant que le précédent avait été ridicule. Des soldats couraient vers un endroit écarté d'où partaient des cris terribles. Je me mis à leur tête et j'arrivai au moment où des grenadiers, venus d'un autre côté, saisissaient trois Arabes. A leurs pieds était étendu un cadavre au milieu d'une mare de sang. Ces trois misérables avaient surpris, un peu à l'écart, un soldat de ma demi-brigade et s'étaient aussitôt mis en devoir de lui couper la tête. L'infortuné fut secouru trop tard. Quant aux assassins, le général, immédiatement prévenu, donna l'ordre de les fusiller sans délai sur le front de bandière.

Le bruit de ce qui venait de se passer se répandit aussitôt dans le camp et produisit un effet de stupeur. On comprenait que nous avions en face de nous de véritables barbares, prêts à nous opposer une résistance de bandits.

Nous étions avancés déjà dans une contrée où

aucune armée européenne n'avait pénétré depuis les croisades, sans retraite assurée, sans subsistance, sans autre base d'opération qu'une flotte menacée par un ennemi bien supérieur en nombre et en tactique navale. Quand reverrions-nous la patrie ? dans quel but nous avait-on conduits en Égypte ? Il ne s'agissait plus comme autrefois de combattre les ennemis de la république française, le climat nous énervait ; certes des troupes moins rompues à toutes les fatigues et à toutes les souffrances se seraient promptement découragées. Chacun désirait aller en avant, afin d'avoir affaire à l'ennemi, et celui-ci depuis notre départ ne nous opposait que plusieurs milliers de Bédouins, inquiétant l'armée, comme la mouche inquiète le cheval pendant les journées de chaleur.

Le 22 messidor, enfin, l'ordre fut donné de marcher en avant, la division se mit en route à deux heures de l'après-midi dans la direction de Ramanieh ; nous marchâmes pendant toute la nuit pour arriver au point du jour dans cette ville.

Là nous vîmes venir à notre rencontre les principales autorités et les habitants notables avec des drapeaux, en signe de paix. Nous les reçûmes avec beaucoup de courtoisie, ce dont ils se montrèrent très satisfaits.

La division du général Desaix nous avait précédés et se trouvait déjà campée aux environs ; après avoir pris position à notre tour, on nous fit savoir qu'une nouvelle division devait nous rejoindre le lendemain et que nous ferions séjour à Ramanieh.

Cette ville est située sur une petite éminence, aux bords du Nil. Malgré ce voisinage et quelque végétation, la chaleur y est insupportable, aussi n'avons-nous pas tardé à nous précipiter en foule dans les eaux du fleuve; l'air était lourd, l'eau fraîche, et sans m'inquiéter des fables que l'on débitait sur les crocodiles, je me livrai à la natation fort loin du rivage sur lequel j'avais étendu mon vieux linge mouillé, à la garde de Dieu.

Après une petite demi-heure, je sortis de l'eau, je trouvai mon linge sec et ma chemise brûlante, et je rentrai au camp, propre et frais; je fis un assez bon repas et je vaquai à quelques soins de service, car j'étais *adjudant-lieutenant*.

La nuit fut calme. L'armée prit heureusement un repos nécessaire à la veille d'une action décisive.

III

LES PYRAMIDES

Une revue de Bonaparte. — Combat de Chebreïss. — Nouvelle tactique. — Marches pénibles. — Bataille des Pyramides.

Nous pensions faire séjour à Ramanieh, mais le 25 messidor, sur les dix heures du matin, une violente canonnade retentit tout à coup dans la direction de Damanhour.

La division du général Bon, en route pour nous rejoindre, avait été attaquée par un nombreux corps de cavalerie arabe et des Mameluks. Aussitôt, la générale fut battue dans le camp, le général Reynier nous fit prendre les armes et marcher au canon. Le bruit de la bataille réveillait notre ardeur; la division prit le pas redoublé, et en moins d'une demi-heure arriva sur le terrain de l'action. Dès qu'il aperçut nos bataillons, l'ennemi, déjà fortement ébranlé, se retira avec précipitation. Nos batteries n'eurent que le temps de lui envoyer quelques volées de mitraille.

C'était la première attaque sérieuse des Mameluks, on prévit une prochaine bataille.

Nous rentrâmes au camp avec la division que nous avions secourue ; la nuit ne tarda pas à venir, nous apportant la fraîcheur et le sommeil réparateur dont nous avions grand besoin.

Le lendemain 23, toutes les divisions de l'armée se trouvaient réunies ; le rapport annonça pour le soir une grande revue du général en chef, Bonaparte.

Toute la matinée fut occupée à remettre en état uniformes et équipements ; les soldats nettoyèrent leurs armes, brossèrent, astiquèrent jusqu'à midi.

La demi-brigade se rassembla vers deux heures et prit position. Bientôt, toute l'armée s'aligna en bataille. La tenue était superbe. Rien de plus imposant que cette revue passée en pays ennemi, si loin de la patrie, à la veille de batailles décisives.

L'arrivée du général fut annoncée à trois heures par le battement des tambours. Bonaparte passa devant le front des divisions, et réunit successivement autour de lui les officiers de chacune d'elles. Il nous adressa une harangue vive et entraînante, nous avertit que le lendemain peut-être l'armée se heurterait aux Mameluks, que les vieilles phalanges du Rhin et de Sambre-et-Meuse triompheraient glorieusement de ces barbares ; et, en terminant, il nous chargea de faire connaître aux soldats ses ardentes paroles.

L'effet de cette proclamation parlée fut très grand ; il semblait que Bonaparte nous eût enfin convaincus de l'utilité et de la grandeur de ses projets. Chaque commandant de compagnie annonça aux soldats que le combat était proche.

Cette nouvelle fut accueillie par toute l'armée avec enthousiasme, et, lorsqu'on eut rompu les rangs, on vit les soldats passer avec un soin scrupuleux l'inspection de leurs armes, affiler les baïonnettes, assujettir les pierres à fusil et chanter, comme s'ils se préparaient à une fête.

Nous supposions qu'une victoire mettrait fin à la lutte et que nous serions bien vite maîtres de l'Égypte.

Au départ, chacun était joyeux et dispos. L'armée suivit les bords du Nil, afin de ne pas trop s'éloigner d'une flottille qui, partie de Rosette, était chargée de munitions et de vivres et devait nous suivre aussi loin que possible dans l'intérieur du pays.

Le soldat, averti de la présence de l'ennemi, marchait en bon ordre, confiant en son général et en ses officiers.

Nous nous étions mis en route à quatre heures de l'après-midi, et nous marchâmes jusqu'à dix heures du soir. Nous étions échelonnés sur plusieurs lignes et formés par bataillon en masse. Cette disposition avait pour but de nous tenir prêts à recevoir l'ennemi dès sa première attaque et de prendre facilement nos dispositions contre sa formidable cavalerie. Nous passâmes ainsi la nuit, sans dormir, nous attendant à être attaqués à la pointe du jour.

Dans le courant de la nuit, les ordres les plus sévères furent donnés pour conserver les rangs, pour ne point se désunir et pour obéir en silence à tous les commandements, car on avait à combattre un ennemi nouveau dont la tactique n'avait rien de semblable à celle des peuples européens. On nous dit que ces soldats fanatiques nous attendaient dans une position où ils avaient battu plus d'une fois les troupes du Grand Seigneur, et qu'ils affrontaient la mort avec une indomptable ténacité. Contre eux, il n'y avait qu'une manière de vaincre, c'était l'ordre et l'immobilité pendant leurs charges pêle-mêle, où la fougue individuelle qu'ils déployaient ne pouvait triompher de nos feux et rompre nos lignes hérissées de baïonnettes.

Ces conseils et ces ordres ne furent pas inutiles. Au lieu de guerriers fièrement montés sur de superbes coursiers, la lance en arrêt, armés en outre de deux ou quatre pistolets, d'un yatagan, d'un sabre recourbé et d'une hache d'armes ornée de pierreries et d'argent, nous avions des bataillons carrés, réunis coude à coude, soudés par la discipline et obéissant avec intelligence aux ordres de chefs, animés du désir ardent de combattre et sachant nous communiquer leur énergie. Nos sous-officiers et nos soldats avaient appris à nous estimer, pendant six années de guerre, sur les champs de bataille de l'Europe. Quant au dévouement de ces braves gens, il était resté le même qu'aux premiers jours.

Le 25, au lever du soleil, une musique guerrière retentit tout à coup ; le général en chef avait donné l'ordre de jouer la *Marseillaise*, dont il connaissait bien l'effet sur la troupe. Cet admirable chant excite l'audace des soldats, allume leur patriotisme et leur fait comprendre que l'heure de se plaindre est passée et qu'il faut vaincre.

Comme par exception, la matinée était fraîche et belle ; nous prîmes nos dispositions de combat sans être inquiétés par la chaleur, qui ne devint pesante que lorsque la bataille fut partout engagée.

Voici quelles étaient, au commencement de l'action, les positions de l'armée française. La bataille a pris le nom du village de Chebreïss, autour duquel elle fut livrée. Notre droite était appuyée au Nil ; le centre lui tournait le dos, la gauche était en arrière de Chebreïss.

C'est dans cette position, jugée excellente par nos généraux, que l'armée française attendit l'ennemi. Le général en chef, Bonaparte, passa devant les cinq divisions (Reynier, Desaix, Bon et Dugua) qui composaient toute l'armée, et recommanda la plus grande précision dans les commandements et le plus grand silence de la part des soldats, lorsque la cavalerie se précipiterait sur nos rangs. Le calme de Bonaparte, son assurance inspirèrent plus que jamais la confiance à son armée ; on ne parlait plus qu'à voix basse et pour se témoigner le mutuel contentement que l'on éprouvait au moment de l'action.

Une colonne de Mameluks sortant d'un bois de palmiers vint se ranger en bataille sur la gauche de l'armée et fit un demi-cercle, comme pour l'envelopper. Quand ils furent à bonne distance, on leur envoya, par l'organe d'une pièce de huit et d'un obusier, l'ordre de se retirer, auquel ils s'empressèrent d'obéir.

Un instant après nous aperçûmes quelques cavaliers en tirailleurs qui s'avançaient avec assez d'audace contre les nôtres ; derrière eux se dessinèrent en peu d'instants plusieurs colonnes, marchant par groupes et se préparant évidemment à une charge contre nous. On forma aussitôt les carrés, les tirailleurs rentrèrent, et nous nous disposâmes à recevoir sur nos baïonnettes cette superbe cavalerie dont la valeur était alors proverbiale.

Elle voulut d'abord s'avancer sur notre droite pour charger, mais dès qu'elle fut à proximité, on lui envoya derechef quelques boulets et obus, ce qui ne l'arrêta pas ; on voyait cette fois qu'elle était décidée à en venir aux mains. Alors, pour l'attirer davantage, on fit rétrograder de quelques pas le premier carré, duquel je faisais partie ; les Mameluks profitèrent de ce mouvement, croyant que nous battions en retraite, et nous chargèrent avec une intrépidité sans exemple. Le carré s'arrêta, fit volte-face en un clin d'œil, les pièces furent mises en batterie aux angles ; les feux de file et la mitraille foudroyaient l'ennemi, tandis que le premier rang croisait la baïonnette. Décimés, ces beaux cavaliers lâchèrent pied, pour ne plus nous attaquer. Ils essayèrent en vain d'enfoncer les carrés de la division qui se tenait à notre gauche et furent repoussés en désordre. Enfin, après quatre heures de combat, l'armée ennemie se décida à battre en retraite.

Nous venions de remporter à Chebreïss la première

victoire contre ces superbe Mameluks qui sans doute pensaient nous vaincre et nous traiter comme les troupes du Grand Seigneur.

Pendant le combat, une galère maltaise et quelques avisos, escortés par des chaloupes canonnières qui remontaient le Nil pour nous soutenir dans nos opérations et nous ravitailler, furent attaqués vigoureusement par la flottille ennemie et par une masse de fellahs, de Bédouins et de Mameluks; mais nos soldats et nos marins leur firent essuyer de telles pertes qu'ils se retirèrent en désordre, et le convoi put continuer sa marche.

Cette journée glorieuse préluda aux combats que nous allions livrer ; nous avions appris et bien vite compris quelle était la véritable manière de combattre les bandes désordonnées de l'ennemi. Bonaparte fit annoncer à l'armée que nous venions délivrer l'Égypte de l'oppression des Mameluks et porter un coup mortel à la prospérité maritime de l'Angleterre, en nous ouvrant avec le sabre la route la plus courte pour envahir ses possessions de l'Inde.

Après le combat de Chebreïss, l'armée se mit sans retard à la poursuite des Mameluks. Nous avions quitté les rives du Nil; une chaleur lourde nous accablait ; nous dûmes endurer encore l'horrible torture de la soif, affronter les fatigues et les misères des jours précédents. Les feux du soleil furent plus terribles pour nous que ceux de l'ennemi, aussi perdîmes-nous beaucoup plus de monde pendant cette marche forcée que pendant la bataille.

Vers 4 heures du soir, on arriva à Méhalessa; la

troupe était à bout de forces, elle put se reposer en se désaltérant avec les pastèques fort abondantes en cet endroit.

Je me régalai moi-même avec ce fruit savoureux, très aqueux et d'un goût sucré ; j'eus soin de ne pas en faire pourtant un usage immodéré, comme beaucoup d'officiers et de soldats qui en furent incommodés.

Cette journée, si glorieusement commencée, m'avait impressionné péniblement par les scènes cruelles dont j'avais été témoin pendant la marche. Combien d'hommes tombèrent frappés tout à coup ainsi que de la foudre ! Je craignais à chaque instant de subir le même sort, mais bien d'autres épreuves m'étaient encore réservées.

Le 26, nous continuâmes notre route sur le grand Caire, toujours inquiétés par des nuées de Bédouins qui ne quittaient pas les flancs de l'armée, espérant se venger de leurs insuccès sur les retardataires, ou massacrer et dépouiller ceux qui s'aventuraient à la maraude. Cette vigilance opiniâtre de l'ennemi fut favorable à l'armée, car elle empêcha beaucoup de soldats de s'arrêter pour piller les lieux habités que nous traversions. On savait que les Arabes faisaient subir des tortures affreuses, plus cruelles que la mort, aux Français qui tombaient entre leurs mains. On finit donc par considérer les Bédouins comme nous servant d'arrière-garde. A quelque chose malheur est bon.

Notre division s'était peu à peu rapprochée du Nil pour y puiser de l'eau. Nous traversions une région dont le sol était crevassé par la chaleur, le pied ne reposait pas sur un terrain solide, quelques hommes tombèrent si malheureusement que bientôt les médecins qui nous accompagnaient eurent à soigner plusieurs entorses. Ce terrain était le limon du Nil desséché. En cette situation, nous regrettions presque nos marches à travers les sables du désert. Le supplice que nous endurions était double alors : sur la tête un soleil torride, et sous les pieds un sol brûlant ; mais le sable était doux comme un tapis, tandis que le lendemain du combat de Chebreïss nos pieds endoloris se crevassaient comme le sol qu'ils foulaient.

Les provisions faisaient défaut, l'armée n'eut à se mettre sous la dent que les fèves du pays, qui sont de mauvaise qualité. L'eau du Nil arrosa ce repas frugal.

Le 26, l'armée établit ses bivouacs à quelque distance de Sabour ; le 27, à Koumcheif ; le 28, à Terraneh ; le 29, à Vaïdana ; le 30, à Eleatah ; le 1er thermidor, à Errahoé ; enfin le 2, à Omdimar.

Tous ces villages sont mal bâtis et sans ressources, on doit donc se figurer facilement combien nous avons souffert de la chaleur et de la faim pendant ces cruelles journées. Le service des vivres était si mal organisé que, depuis notre départ de Ramanieh, on n'avait fait à la troupe aucune distribution. Nous dûmes nous contenter encore de fèves et de pastèques, nourriture peu réconfortante.

Quant à moi, je ne me serais pas imaginé qu'elle suffît pendant huit jours à la subsistance d'une armée accablée de fatigue et qui depuis trois mois vivait de privations. Du reste, les Arabes du désert se contentent de moins encore, mais ils n'en sont pas plus gras.

Le 3 thermidor, nous marchâmes sur Embabeh, où les Mameluks nous attendaient pour livrer bataille ainsi qu'à Gizeh. Nous vîmes alors de très près les pyramides de Memphis, que nous apercevions déjà depuis trois jours. J'ai su, quelques jours après, que ces constructions gigantesques étaient les tombeaux des anciens Pharaons. C'est là que Bonaparte a prononcé avant la bataille les paroles fameuses : « *Soldats! du haut de ces pyramides, quarante siècles vous contemplent.* » Mais je reprends mon récit :

Sur les dix heures du matin, nous arrivâmes donc auprès d'Embabeh. Les Mameluks étaient devant nous, en bataille le long du Nil, couvrant Gizeh et masquant leurs pièces de canon. Les tentes de leur camp étaient encore tendues, car ils ne doutaient pas de la victoire, se trouvant en nombre triple du nôtre et fanatisés par leurs ulémas; mais nous nous étions habitués dans les rencontres précédentes à ne pas en avoir peur, sachant que le sang-froid et l'ordre nous rendraient invulnérables contre leurs charges.

Le général en chef disposa immédiatement l'armée par échelons, chaque division devant former un carré et les carrés se flanquant mutuellement.

Le premier appuyait à Embabeh ; le second, un peu en arrière, le troisième à même hauteur, le quatrième et le cinquième appuyaient au Nil.

L'artillerie se trouvait dans l'intervalle des carrés, et le peu de cavalerie que nous avions se tenait dans les carrés mêmes ; de cette façon, elle ne risquait pas d'être culbutée par le choc de formidables escadrons et restait disponible et en bon état pour se jeter sur les Mameluks en déroute. L'infanterie, par un feu rapide, devait avoir raison des masses ennemies.

Une heure s'était à peine écoulée depuis que nous avions pris cet ordre de combat, que nous vîmes les Mameluks quitter leur camp par groupes, marchant d'un pas assuré à notre rencontre. La division à laquelle j'appartenais, et qui formait l'extrême droite, eut l'honneur d'être attaquée la première.

En avant de nous, à portée de fusil, un petit ravin, que l'ennemi devait franchir pour nous attaquer, protégeait le carré. Lorsque les mamelucks atteignirent le fossé, d'ailleurs peu profond, le général Reynier commanda : A vos rangs ! En un clin d'œil, nous fûmes disposés en carré sur six hommes de profondeur, prêts à soutenir le choc. Ce mouvement avait été exécuté avec une précision et un sang-froid véritablement remarquables. A peine le commandement de feu était-il poussé qu'une nuée de cavaliers nous entoura. Le feu de file fut si bien dirigé que la charge vint se briser contre nos bataillons.

Les Mameluks perdirent un grand nombre d'hommes, parmi lesquels plusieurs chefs d'un rang élevé. Cependant ils revinrent à la charge avec fureur ; mais, ayant déjà laissé sur le terrain la moitié de leur effectif, ils furent repoussés avec plus de vivacité encore.

Je dois leur rendre cette justice qu'ils firent bien ce qu'ils purent pour nous forcer ; c'était en vain ! ils se heurtaient à des troupes incomparables, rompues à toutes les fatigues et à toutes les manœuvres de la guerre, douées d'un sang-froid et d'un courage à toute épreuve. Je pus le constater avec admiration, car j'étais en serre-file et mon seul rôle était d'observer la conduite des uns et des autres.

Pendant que notre droite repoussait ainsi les chocs réitérés de la cavalerie ennemie, notre gauche n'était pas attaquée avec moins de vigueur. Deux carrés furent chargés, et l'un fut forcé, mais les Mameluks qui y entrèrent n'en sortirent point. La gauche souffrait beaucoup du feu de l'ennemi, car Mourad-Bey avait de ce côté quarante pièces de canon; aussi l'ordre fut-il donné pour charger et emporter cette batterie; on donna le signal. Malgré la canonnade et la fusillade, la position fut enlevée, et l'ennemi s'enfuit abandonnant son camp, ses canons et ses bagages.

Alors nous assistâmes à un sauve-qui-peut général. La moitié de cette brillante armée se jeta dans le Nil espérant se sauver à la nage; mais on vit les malheureux affolés s'engloutir par milliers dans le fleuve; d'autres furent faits prisonniers, et un petit groupe des plus braves, voyant tout effort inutile, parvint seul à gagner la haute Égypte à la suite de Mourad-Bey.

Quant aux soldats d'Ibrahim-Bey qui se trouvaient de l'autre côté du Nil et n'avaient pas pris part à l'action, ils reculèrent sur Belbeïss pour se retirer en Syrie.

Telle fut cette grande bataille, une des plus étonnantes et des plus glorieuses des temps modernes. Je craignais d'abord que nous ne fussions écrasés par cette masse effrayante, cette trombe de cavaliers bien montés et intrépides ; mais la contenance de notre carré qui aussitôt se trouva prêt à les recevoir, le sang-froid et l'énergie de nos troupes imposèrent à l'ennemi, non moins que notre feu et nos baïonnettes.

Les soldats mettaient tant de calme dans leurs feux qu'ils ne brûlèrent pas une cartouche inutile et tirèrent au moment même où les cavaliers cherchaient à faire brèche dans le carré. Le nombre des cadavres qui l'entouraient fut bien vite considérable. Les vêtements des Mameluks morts ou blessés brûlaient comme de l'amadou. C'était bien vraiment le cas de dire que nous les avions attendus à brûle-pourpoint, car, en même temps que les balles, les bourres enflammées de nos fusils pénétraient dans leurs riches uniformes, flottants et légers comme la gaze, brodés d'or et d'argent. Le luxe des Mameluks était très grand ; ils portaient tous des chemises de mousseline et des pelisses de soie. Quant à leurs armes, elles étaient incrustées d'ivoire et de pierreries finement taillées. Ils étaient armés jusqu'aux dents et portaient jusqu'à quatre ou cinq pistolets à la ceinture. Leurs sabres recourbés coupent comme des rasoirs et tranchent une tête d'un seul coup bien appliqué. Il fallut des troupes comme les nôtres pour résister aux charges formidables de l'ennemi. Les demi-brigades étaient alors composées presque exclusivement d'anciens soldats, accoutumés au succès; d'ailleurs nous savions que nous allions jouer le tout pour le tout. Avancés comme nous étions dans un pays sans ressources, n'ayant pas de ligne de retraite assurée, nous comprenions qu'il fallait vaincre ou mourir.

Quant aux généraux et aux officiers, rendons-leur cette justice que par des ordres précis, une surveillance active, une décision prompte, ils contribuèrent beaucoup à maintenir les carrés inébranlables, devant les attaques réitérées de l'ennemi.

Le général Desaix fut chargé de poursuivre Mourad-Bey dans la haute Égypte.

La victoire ne fut pas non plus pour nous le repos, nous continuâmes à avancer et nous couchâmes près de Gizeh, après avoir horriblement souffert de la soif, car personne ne put quitter les rangs pour aller chercher de l'eau, avant que l'armée eût pris position au bivouac. Cependant, on n'entendit pas de murmures dans les rangs de la troupe, chacun était fier de ses exploits, et les langues n'étaient pas assez desséchées pour rester muettes sur les mille incidents de la bataille, où le moindre soldat s'était conduit comme un héros.

IV

LE CAIRE

Occupation du Caire. — Promenade dans la ville. — Un guide italien. — Combat d'Elanka. — Une singulière armée. — Le général Leclerc. — Séjour à Saleieh et à Corahim. — Bonaparte à Suez.

La bataille des Pyramides nous avait rendus maîtres absolus de Gizeh, de l'artillerie, des magasins, et du campement de l'ennemi ; elle nous ouvrit les portes du Caire.

Le lendemain, 4 thermidor, Bonaparte fit son entrée dans la ville avec quelques demi-brigades, tandis que Desaix poursuivait l'ennemi et que le reste de l'armée campait dans les plaines de Gizeh.

Dans le courant de la journée, on fit des distributions de mauvais biscuit provenant des magasins des Mameluks ; ceux d'entre nous qui avaient la bourse garnie pouvaient acheter de petites galettes fraîches assez bonnes, et même du pain frais..... J'avoue que je m'en suis bien régalé, car je n'en avais pas mangé depuis notre départ de Marseille.

Je savais déjà ce que valait l'eau, je compris alors la valeur du pain et je me promis bien de ne jamais l'oublier.

Le 7, nous traversâmes le Nil entre Gizeh et le vieux Caire, et nous traversâmes le grand Caire pour nous rendre à Kobbey, dans le caravansérail, afin de nous y reposer un peu des fatigues que nous venions de supporter. Il s'y trouvait encore quelques Arabes qui prirent la fuite à notre approche. L'installation de la demi-brigade fut vite terminée : des nattes nous servaient de lit ; c'était bien un peu dur, mais le bivouac nous avait appris à ne pas être difficiles.

Dix jours s'écoulèrent ainsi, pendant lesquels la division se remit de ses fatigues.

Les vivres ne manquaient plus, les distributions étaient à peu près régulières. D'ailleurs, les plus délicats pouvaient se procurer au Caire des denrées variées et abondantes. Les moins pressés attendaient philosophiquement la visite des marchands les plus divers, qui venaient jusque dans nos chambres nous offrir, à prix raisonnable, du café, du sucre, des légumes frais, des fruits du pays, etc...

Chaque jour, je me rendais au Caire, en compagnie d'un ami, afin de bien connaître cette ville et les mœurs de ses habitants. Le Caire comptait alors 300,000 habitants et 300 mosquées. Nos soldats se promenaient à travers les rues comme dans une garnison de France ; débarqués à Alexandrie le 15 messidor, ils avaient occupé, trois semaines plus tard, la capitale si renommée de l'Égypte. Leur orgueil était légitime, car ils venaient de vaincre la plus célèbre cavalerie de l'Orient. Le soldat plaisantait beaucoup la flotte anglaise dont notre immense escadre avait réussi à déjouer la surveillance. L'amiral Nelson fut alors l'objet de bien des lazzis, dans les chambrées improvisées du Caire.

La population de la ville avait subi l'influence des discours du général en chef, elle nous respectait beaucoup ; nous étions partout bien reçus, et ce qui nous était nécessaire nous était donné, à prix d'argent, mais de bonne grâce. Cependant, ne connaissant pas la langue du pays, il fallait se faire comprendre par signes, ce qui souvent causait entre les vainqueurs et les vaincus de singuliers quiproquos. L'armée comptait bien quelques interprètes, mais ils avaient été mis en réquisition par le quartier général et par les généraux, je ne pouvais donc en trouver aucun pour me servir de cicerone.

Ma première excursion fut donc sans intérêt. Mais le lendemain, comme je faisais dans un bazar mes provisions de sucre et de café, je me trouvai en présence d'un réfugié italien qui parlait un peu le français.

Je lui donnai à entendre que je désirais beaucoup entrer en conversation avec lui ; il me répondit que cela lui ferait beaucoup d'honneur, me fit asseoir à la turque sur un tapis, me présenta une pipe et une tasse de café, selon la mode du pays. Je fis semblant de fumer (car je n'avais pas cette habitude), je bus son café avec plaisir, et je lui demandai s'il habitait le Caire depuis longtemps.

— Depuis trente ans, signor, me répondit-il.

Je crus convenable de ne point l'interroger sur les motifs qui l'avaient déterminé à se fixer au Caire, et donnant à la conversation une tournure toute militaire, je lui demandai s'il y avait longtemps que les Mameluks étaient prévenus de notre arrivée dans le pays.

Il me répondit que non, mais qu'aussitôt qu'ils avaient été instruits de notre débarquement et de notre marche dans le désert, par des cavaliers arabes, ils s'étaient mis en marche pour aller nous combattre à Chebreïss, et que, n'ayant pas réussi, ils s'étaient retirés et avaient pris position à Gizeh pour couvrir la route du Caire.

Ibrahim-Bey était resté dans la ville pendant ce temps, pour exciter le peuple contre nous : — Armez-vous, disait-il, pour combattre les infidèles qui sont tous méprisables et ennemis du Prophète ! votre intérêt est de lutter jusqu'à la mort. Il faut exterminer jusqu'au dernier ces hommes qui viennent en Égypte pour piller et massacrer, pour violer vos femmes et détruire la religion du Prophète.

Ibrahim faisait de notre armée une description horrible :

— Les infidèles qui viennent pour vous combattre, ajoutait-il, ont un aspect qui fait trembler : ils ont les ongles d'un pied de long, la bouche énorme, les yeux féroces ; ce sont des hommes sauvages et possédés du diable, qui se battent enchaînés les uns aux autres.

Je ne pus m'empêcher de rire en écoutant ce discours, raconté par mon Italien avec un sérieux bien comique.

— Vous croyez que je me moque, disait-il, pourtant tout cela est la vérité.

Et il continua :

— Quand on vous vit arriver près de Gizeh, Ibrahim excita derechef le peuple à prendre les armes ; il fit une réquisition d'esclaves, pourvus de pelles, de pioches, et invita le divan du Caire, à être témoin de la bataille désespérée du lendemain.

Ici, j'interrompis le narrateur :

— Pourquoi, lui demandai-je, tous ces esclaves armés de pelles et de pioches ?

— Signor, me répondit-il, pour vous enterrer tous après vous avoir massacrés. Leur dessein était de ne pas laisser exister un seul d'entre vous.

— Ah ! ah ! Messieurs les Mameluks, que ne nous le disiez-vous ?

Je me retirai, en riant à pleine gorge, de ce récit extraordinaire fait avec un accent qui seul aurait suffi pour me mettre en gaieté.

— Il est tout naturel, disais-je à mon compagnon, que Mourad et Ibrahim aient fait tous leurs efforts pour fanatiser le peuple, le soulever contre nous et en même temps lui inspirer une aveugle confiance dans le succès de leur cause, car il s'agissait de défendre un pays qu'ils considéraient comme leur propriété, où ils régnaient en maîtres, et dont ils partageaient la domination.

Mais comme Ibrahim-Bey n'avait pas quitté le Caire pendant que Mourad-Bey se battait contre nous, je ne pouvais m'imaginer quel avait été le sujet de cette inaction. Je l'ai su depuis.

Ces deux beys nourrissaient depuis longtemps l'un contre l'autre une profonde inimitié causée par une rivalité d'ambition. Ibrahim n'avait pas de plus grand désir que de voir succomber Mourad. Il espérait qu'il serait vaincu, mais il se préparait à agir contre lui, même dans le cas où il aurait remporté contre nous un avantage, car il n'était pas douteux que cette victoire eût coûté ses meilleures troupes à son rival ; il pensait qu'alors il aurait bon marché des soldats de Mourad, qu'il les battrait et s'emparerait ensuite de l'autorité souveraine, et serait appuyé par les Anglais, dont il consoliderait l'influence. Ce raisonnement péchait par la base. Avant de s'emparer du pouvoir, Ibrahim devait d'abord exterminer les 30,000 Français de l'armée de Bonaparte, ce qui n'était pas chose facile ; les Mameluks l'avaient appris à leurs dépens.

Une telle politique ne prouvait donc pas la pénétration de son auteur. Ibrahim d'ailleurs était un ignorant sans audace, et par conséquent sans influence réelle sur les troupes égyptiennes, tandis que Mourad-Bey passait pour l'un des plus fiers cavaliers, l'un des plus intrépides généraux de cavalerie que l'on connût.

Le lendemain, je pensais retrouver mon Italien et lui demander des renseignements sur les mœurs des musulmans, leur commerce et leur administration ; mais, craignant sans doute de s'être compromis la veille, ou peut-être ayant été enrôlé dans le corps des interprètes du grand quartier général, recruté parmi les Européens les plus intelligents des contrées que l'armée venait de traverser, il avait disparu.

Je désirais vivement le retrouver pour visiter la ville, je le cherchai vainement. Ma curiosité fut déçue, je parcourus plusieurs quartiers de la ville, sans bien me rendre compte de tout ce que je voyais.

Pour comble de guignon, je finis par m'égarer dans cette ville immense qui ne compte pas moins de soixante-dix portes et dont les rues sont aussi nombreuses que tortueuses.

Je fus donc très embarrassé, j'étais seul et ne pouvais me faire comprendre, impossible de retrouver le chemin du caravansérail. Près de trois heures s'étaient écoulées, et je cherchais encore la rue conduisant à la porte par laquelle j'étais entré. Enfin, à bout de forces, je fis signe à un paysan qui conduisait une bourrique et je lui fis comprendre, en lui montrant une pièce d'argent, que je voulais sa monture. Il accepta. J'enfourchai son bidet dont le harnachement était magnifique, et comme un chevalier errant accompagné de son écuyer, je me mis en marche, faisant comprendre au fellah par mes gestes et en prononçant le mot Kobbey que je voulais qu'il me conduisît à mon cantonnement. Il me fit signe qu'il avait compris, que je n'eusse aucune inquiétude, et en effet, il me dirigea si bien qu'en peu de temps j'arrivai à mon logement. Aussitôt je mis pied à terre et je payai mon intelligent conducteur, qui me baisa les mains plus de dix fois en me disant :

ô a hâ salamante, sultan ! Je vous salue, seigneur ! après quoi il s'en retourna au Caire réjoui et satisfait. J'avoue franchement que je n'étais pas moins heureux que lui. Jouissant d'une grande tranquillité, me nourrissant bien, je n'avais plus aucun souci. J'étais heureux comme on l'est en campagne. On est heureux quand les besoins matériels sont satisfaits et que l'on jouit d'une bonne santé.

Bonaparte s'était installé au Caire, en faisant bien comprendre par ses actes et ses proclamations que la France prenait possession du pays.

Quelques particuliers qui avaient suivi l'armée fondèrent des cafés et des restaurants européens. Le général en chef voulut même établir au Caire un Tivoli, dans le genre de celui qui existait à Paris. A cet effet, le palais du bey fut transformé ; on y trouvait réunis des jeux de toutes sortes, une salle de danse, un orchestre, une bibliothèque même et des journaux, etc...

La grande difficulté était d'organiser un bal. Les femmes indigènes ne se montraient pas ; quant aux Françaises, épouses ou amantes des soldats de l'armée, elles avaient été soigneusement exclues à Toulon et à Marseille des vaisseaux sur lesquels nous embarquâmes.

Cependant quelques-unes, portant le costume d'hommes, avaient réussi à tromper la surveillance. Elles vinrent à Tivoli, mais elles étaient trop peu nombreuses. Jamais les fêtes ne furent donc brillantes. C'est à l'une de ces fêtes que Bonaparte rencontra la jeune femme d'un officier d'artillerie et s'éprit d'elle. Il employa, pour la posséder, tous les moyens de séduction. Elle résista longtemps, jusqu'au jour où la vanité prit le dessus. Bonaparte força la jeune femme à quitter son mari, et pour écarter définitivement celui-ci, il fit prononcer le divorce devant un commissaire des guerres, et renvoya l'ex-époux en France. Bonaparte conserva cette maîtresse pendant toute la durée de son séjour en Égypte et l'abandonna au moment de rentrer en France. Quant au mari, fait prisonnier par les Anglais, il fut envoyé sur les pontons et y resta jusqu'à la paix.

Cette aventure fit jadis grand bruit dans l'armée d'Égypte.

Les dispositions pacifiques des habitants du Caire avaient inspiré grande confiance à Bonaparte, il fit afficher dans la ville la proclamation suivante :

« Peuple du Caire, je suis content de votre conduite, vous avez bien fait de ne pas prendre parti contre moi ; je suis venu pour détruire la race des Mameluks, protéger le commerce et les naturels du pays : que tous ceux qui ont peur se tranquillisent ; que tous ceux qui sont éloignés rentrent dans leurs maisons ; que la prière ait lieu aujourd'hui comme à l'ordinaire, comme je veux qu'elle continue toujours ; ne craignez rien pour vos familles, vos maisons, vos propriétés et surtout pour la religion du Prophète que j'aime.

» Comme il est urgent que la tranquillité ne soit pas troublée, il y aura un divan de sept personnes qui se réuniront à la mosquée; il y en aura toujours deux près du commandant de la place et quatre seront occupés à maintenir la tranquillité publique et veiller à la police. »

Mais la tranquillité et le repos ne devaient pas être de longue durée.

Nous allions nous remettre en campagne.

Comme j'occupais depuis assez longtemps les fonctions d'adjudant sous-lieutenant et que je désirais rentrer dans le rang où m'appelait mon ancienneté, j'adressai une demande à cet égard au chef de brigade; le lendemain, il me fit reprendre mon rang de sous-lieutenant dans la première compagnie du premier bataillon. Les fonctions que j'avais occupées avec un zèle qui m'avait valu des éloges, étaient tellement pénibles que je fus heureux de ma nouvelle situation. — A chacun son tour.

Je fus donc reçu en ma nouvelle qualité devant ma nouvelle compagnie le 18 thermidor à midi. Je me trouvai dès lors plus directement engagé dans l'action, mais j'eus beaucoup plus de repos, au Caire surtout, que dans mes anciennes fonctions.

Le même jour, toutes les troupes logées dans le caravansérail reçurent l'ordre de partir pour Elanka. Nous nous mîmes en route à minuit et nous prîmes position à deux lieues de la Kobbeh le 10.

Nous avions été précédés par d'autres troupes qui venaient de rétrograder, ayant été surprises de tous côtés par les Mameluks d'Ibrahim, par les Bédouins et une armée de fellahs. Leur retraite avait été héroïque et elles combattaient encore lorsque nous arrivâmes à leur secours. Elles avaient pris position à une lieue en arrière d'Elanka.

A six heures du matin, on forma le carré et l'on se dirigea vers l'ennemi, qui occupait toute la plaine et le village. Nous nous trouvâmes en présence d'une armée nombreuse, mais composée d'éléments hétéroclites. On y voyait des groupes de Mameluks, des Bédouins et des masses de fellahs armés de fusils, de lances, de haches, de fourches et même de bâtons.

C'était donc une singulière armée, sans organisation sérieuse, mais fanatisée depuis l'occupation du Caire, poussant des cris sauvages et gesticulant comme si elle allait nous exterminer.

On envoya d'abord à ces hordes quelques coups de canon, ce qui acheva de mettre le désordre dans leurs rangs, mais elles se rassemblèrent de nouveau et marchèrent contre nous. Les Mameluks menaçaient notre gauche : mais se souvenant probablement de la façon dont nous avions reçu leurs camarades à Chebreïss et aux Pyramides, ils n'osèrent risquer une attaque.

Nous n'étions cependant que peu nombreux ; notre carré se composait des 9ᵉ et 85ᵉ demi-brigades avec un peu de cavalerie sur nos angles et quelques pièces d'artillerie bien servies.

On voyait les Mameluks pousser en avant les paysans, à coups de bâton, mais inutilement. On les entendait crier de toutes parts : ialok ! ialok ! (allons ! allons !) mais toujours sans résultat.

Nous plaignions ces malheureux fellahs, exposés

aux coups des deux côtés, victimes de la barbarie de leurs maîtres. Notre carré s'avançait toujours en bon ordre ; de temps à autre, lorsqu'il se trouvait trop près d'eux, il s'arrêtait et les saluait de quelques obus et de quelques volées à mitraille ; ils se retiraient bien vite alors et nous laissaient le passage libre. Cependant, lorsque nous arrivâmes près d'Elanka, nous voyant entourés, nous voulûmes en finir. Le carré s'arrêta et fit feu sur l'ennemi. Aussitôt, profitant du désordre qui se mettait parmi nos adversaires, le chef de la brigade ordonna aux tirailleurs de se déployer à peu de distance ; en même temps l'artillerie démasquée dirigea sur les masses d'infanterie et de cavalerie un feu bien nourri. En quelques minutes, les paysans lâchèrent pied, tandis que les Bédouins s'enfuyaient à bride abattue et que les Mameluks eux-mêmes disparaissaient du côté de Belbeïss.

Les troupes qui nous avaient précédés de quelques jours à Elanka devaient protéger un certain nombre de travailleurs, employés à la construction de fours destinés à approvisionner de pain frais les troupes françaises dirigées sur Belbeïss. Le général en chef avait confié cette mission au général de cavalerie Leclerc. C'était un homme d'une gaieté brusque et toute militaire, plaisantant au milieu des plus graves dangers et très aimé des soldats, qu'il appelait ses « poulets ».

N'ayant que quelques pièces de canon, il disait aux artilleurs :

— Mes amis, mes poulets, quand vous aurez tiré

ici pan ! pan ! vous reviendrez au milieu, pan ! pan ! puis vous tirerez encore ailleurs et ainsi de suite. Diable ! diront-ils là bas, combien ont-ils de canons ? par ce moyen, mes poulets, on nous croira trois fois plus forts et l'on n'osera pas nous attaquer.

Les avant-postes ayant pris un espion le conduisirent au général Leclerc.

— Mes amis, dit-il, cet homme est donc un espion ?

— Nous le croyons, général.

— Ah ! le pauvre homme, c'est dommage, il est si bien portant !

Après un intervalle pendant lequel l'espion avait été interrogé, en présence du général, le chef de détachement de grenadiers qui l'avait amené, demanda ce qu'il fallait en faire.

— Ah ! le pauvre homme ! le pauvre poulet ! répondit le général Leclerc, il faut, mes amis, ah ! le pauvre diable ! il faut le fusiller.

Cet ordre fut immédiatement exécuté.

A quelque distance d'Elanka un chameau mordit un commissaire des guerres; il ne s'en fallut pas de beaucoup que ce fonctionnaire n'eût le bras emporté. Le général et plusieurs soldats avaient été témoins de cette scène.

Le lendemain, le général Leclerc ayant à envoyer un détachement au Caire voulut le faire monter sur des chameaux. Les soldats, ne connaissant pas encore bien ce paisible moyen de transport et se rappelant ce qu'ils avaient vu la veille, éprouvaient une grande répugnance à se servir d'une pareille monture et firent à ce sujet leurs représentations respectueuses au général en disant que cet animal mordait.

— Non, mes amis, mes poulets, mes enfants, répondit Leclerc, cet animal ne vous mordra pas; vous ne savez donc pas qu'il ne mord que les commissaires des guerres?

Cette saillie fit beaucoup rire, et le détachement monta gaiement entre les bosses de ce nouveau bucéphale.

J'en étais donc à notre arrivée auprès d'Elanka.

Lorsque tous les ennemis, Mameluks, Arabes, Bédouins et fellahs furent dispersés, on nous fit camper à peu de distance de la ville. Nous nous reposâmes des fatigues de la journée ; la chaleur avait été insupportable et nous étions harassés, non seulement par des marches et contremarches et des escarmouches continuelles, mais encore plus par la difficulté d'avancer, tantôt dans des sables mouvants, tantôt sur un terrain sec et crevassé. Le 20, après avoir laissé quelques hommes en route, nous fîmes séjour près d'Elanka. Cette localité avait été pillée, les jours précédents, comme une ville prise d'assaut, mais nous y trouvâmes encore d'excellent café en abondance; ce fut pour nous un vrai régal. Les cuisiniers en firent une ample provision, et plusieurs distributions eurent lieu dans la journée.

Le lendemain, nous partîmes, sur les 10 heures du matin, pour aller bivouaquer à Elmenhir. Cette journée ne fut pas trop fatigante, le chemin était bon et l'étape courte. A notre droite le désert ; à notre gauche une terre bien cultivée. Quel contraste! On apercevait d'un côté des montagnes de sable mouvant, et de l'autre une plaine verdoyante, d'une admirable fertilité. Notre grand'garde s'empara dans cet endroit d'une caravane très riche, venant de Syrie et qui était, nous dit-on, destinée à Ibrahim-Bey et à de gros négociants du Caire.

Le 22, à deux heures après minuit, nous nous mîmes en route pour Belbeïss (autrefois appelée la ville du Soleil); nous y arrivâmes à midi, heureux de nous reposer à l'ombre de ses murs et de ses palmiers.

Cette ville n'est pas belle; les maisons sont toutes construites en terre, les mosquées seules sont bâties en briques cuites, avec soubassements en pierre de taille. Sa position militaire serait excellente si elle avait de bons remparts, car elle commande la route de Syrie. Sa population est très mal considérée en Égypte. Elle a souvent donné refuge à des pillards de caravanes. Quant à moi, je n'ai guère vu la ville, ni les habitants, car j'étais de service dans un poste avancé du côté du désert.

Le général Bonaparte, parti le matin même du Caire, arriva à Belbeïss dans l'après-midi.

Le 23 thermidor, c'est-à-dire le lendemain, nous fîmes route sur Corahim, où nous arrivâmes à deux heures de l'après-midi. Là notre colonne s'empara encore d'une notable quantité d'argent et d'effets appartenant à la caravane dont j'ai parlé. On nous fit camper dans les jardins, au milieu de bosquets de superbes orangers dont les fruits, par leur saveur et leur beauté, faisaient l'admiration de chacun; on s'empressa de les cueillir et de s'en délecter. Il se trouvait aussi de beaux citronniers chargés de fruits exquis, ce qui nous permit de boire à notre aise d'excellente limonade, et comme j'étais, pour mon compte, muni de sucre, que je m'étais procuré à la Kobbeh et à Elanka, je me désaltérai comme un pacha en compagnie de mes collègues. A l'ombre des arbres, savourant cette délicieuse boisson, gais comme les oiseaux, nous nous rappelions nos misères passées et nous trouvions que notre position n'était pas à plaindre. Sur les quatre heures du soir, plusieurs soldats se promenant dans un jardin y trouvèrent un sac rempli d'or et d'argent; ils se hâtèrent de le porter au quartier général, qui s'en servit pour payer la troupe. Cet acte n'est-il pas digne d'admiration, au milieu des privations que beaucoup de soldats supportaient faute de pouvoir se procurer en payant des moyens d'améliorer leur sort?

Le général félicita chaleureusement ces braves gens. Les mêmes trouvèrent, quelques heures plus tard, des étoffes de grand prix, pièces de soie brodée, mousselines, etc… Cet argent et ces marchandises provenaient certainement du pillage de quelque caravane opéré par les bandits de la ville. Ils avaient caché leur butin, les uns dans les maisons, les autres dans les jardins, et si nous avions eu le temps de faire des perquisitions, on aurait découvert d'autres objets de grande valeur.

Le 24, bien reposés, nous nous mîmes en marche vers Saleieh, dernière ville de l'Égypte, sur les confins de la Syrie. Cette journée fut une des plus pénibles, à cause des détours que nous fîmes, en poursuivant l'ennemi, au milieu du désert, par une chaleur terrible. Le général ne doutait pas que les bandes d'Ibrahim ne vinssent chercher refuge dans les environs de Saleieh, pour se reposer et se rafraîchir. Il espérait les surprendre ; mais le chef des Mameluks, ayant été averti de notre approche, hâta son départ et prit la route de Syrie.

Pour le rejoindre à temps, il était nécessaire d'agir promptement ; la cavalerie légère fut donc lancée à la poursuite de l'ennemi, qu'elle rencontra à une lieue de la ville. L'action fut très chaude. En présence de l'arrière-garde de l'armée d'Ibrahim, les hussards, arrivés les premiers, attaquèrent vigoureusement ; mais trop inférieurs en nombre, ils étaient déjà enveloppés, et peut-être allaient succomber, malgré des prodiges de valeur, lorsque le 14ᵉ régiment de dragons arriva à leur secours. Un feu bien nourri jeta le trouble dans les rangs des Arabes ; alors, mettant le sabre à la main, les dragons chargèrent, en bon ordre, avec un tel ensemble qu'en un instant l'ennemi fut bousculé, les hussards reprirent l'offensive et, l'affaire changeant de face, les fiers Mameluks de l'arrière-garde d'Irahim, c'est-à-dire ses meilleures troupes, furent dispersés l'épée dans les reins, massacrés par notre cavalerie, et laissèrent entre nos mains des chameaux chargés de tentes et de bagages. Le lieu du combat était couvert de morts, parmi lesquels ceux de l'ennemi deux fois plus nombreux que les nôtres ; mais nous eûmes beaucoup de blessés.

Après ce brillant combat dans lequel, pour la première fois, notre cavalerie agissait isolément contre les Mameluks, à notre honneur et gloire, on occupa Saleich et nous campâmes dans les maisons.

Cette étape est une des plus rudes que nous ayons jamais faites; nous avons marché depuis quatre heures du matin jusqu'à six heures du soir, c'est-à-dire pendant quatorze heures sans nous reposer, sans boire, tantôt sur un sable brûlant au milieu d'une poussière qui nous aveuglait, tantôt dans un terrain couvert d'une végétation dure et rabougrie qui nous déchirait les jambes. — Beaucoup de pauvres soldats se faisaient ramasser mourant de fatigue, exténués par la chaleur, et d'autres tombaient pour ne pas se relever. Quant à moi, je n'en pouvais plus, et pourtant je ne portais ni sac ni fusil!

Aussitôt que nous eûmes pris position, les troupes firent la soupe et le café, vers les onze heures du soir. Je mangeai une bonne soupe de viande avec mes compagnons de misère... Ce souper ne tarda pas à nous rendre la santé, les fraîcheurs de la nuit aidant. On finit par s'habituer à cette existence de privations, de misères, d'agitations, etc., lorsque le corps est bien constitué et la force musculaire suffisante; mais combien ne résistèrent pas à ces travaux d'Hercule et succombèrent au cours de la campagne!

La 9ᵉ demi-brigade campa le lendemain près du désert, en avant de la place, pour empêcher les Arabes et les Bédouins de venir rôder aux environs, et faire bonne garde.

Le général en chef Bonaparte retourna au Caire avec plusieurs demi-brigades et quelques régiments de cavalerie. Au moment où il allait se mettre en route, il apprit la défaite et la destruction de notre escadre à Aboukir. Après avoir parcouru la dépêche qui lui annonçait la fatale nouvelle, il dit avec un sang-froid extraordinaire en pareille circonstance :

— Ah ! il faut bien quelques revers... sans cela nous serions trop vite les maîtres du monde.

Malgré l'assurance du général en chef, dès cette époque, le découragement s'empara d'un grand nombre de soldats et même de quelques officiers. L'espoir que nous avions de retourner en France venait d'être brusquement dissipé. La mer appartenait à notre ennemi mortel. Nous pouvions nous croire perdus si loin de la France, sans ressources, pour vivre et combattre longtemps en Égypte, sans vaisseaux pour nous rapatrier.

Sur ces entrefaites, la 9ᵉ et la 85ᵉ demi-brigade furent désignées pour tenir garnison à Saleieh, avec une compagnie de sapeurs du génie, un escadron de cavalerie et un détachement d'artillerie.

Les environs de cette place sont assez agréables ; à peu de distance se trouvent des villages, au milieu de jardins d'un aspect riant, entourant une mosquée et un minaret très élevé. Sur l'ordre du général, on fit sauter ces deux monuments, et je fus témoin de cette démolition.

Je ne puis que supposer quelles ont été les causes de cette mesure ; ces monuments étaient vus à une très grande distance, et peut-être auraient-ils servi de points de ralliement à l'ennemi campé dans le désert?

Les paysans des environs de Saleieh vivent de rapines; pendant notre séjour, il ne se passait pas une nuit sans qu'ils commissent quelque vol dans notre camp, malgré toutes les précautions que l'on prenait contre ces coquins ; ils se glissaient entre deux factionnaires, rampant sur le ventre comme des reptiles ou à quatre pattes comme des chiens, s'insinuaient ainsi jusqu'auprès des chevaux ou des bouriques, les délivraient de leurs entraves, attachaient une corde à leur encolure, les tiraient pas à pas après eux vers les endroits privés de sentinelles, puis, leur sautant tout à coup sur le dos, piquaient des deux et se sauvaient du côté du désert avec une grande rapidité, sans que l'on pût même supposer que la monture portait un cavalier. Au bout de peu de temps, on fit le guet pour connaître le motif de cette fuite des animaux de selle; on surprit les larrons, on les fusilla sur-le-champ, et leurs camarades ne s'y frottèrent plus.

Au commencement de notre séjour à Saleieh, un homme n'aurait pu sortir du camp isolément sans être exposé à perdre la vie, car les Bédouins ou les fellahs, toujours aux aguets, se faisaient gloire d'assassiner nos soldats ; mais lorsque nous fûmes solidement établis, on commença à nous craindre beaucoup et partout à nous respecter. Les indigènes n'avaient pas assez de « schlem » (salut) selemanto, bezza, sidi, tant il est vrai que souvent :

La raison du plus fort est toujours la meilleure.

Il y a certes beaucoup d'exceptions ; mais j'ai pu me convaincre que ces peuples fanatiques et fatalistes obéissent toujours à la force, qui est leur loi suprême. Plus nous avancions en Égypte, plus cette vérité devenait évidente. Quel peuple ignorant, opprimé, misérable !

A quelques lieues au sud de Saleieh se trouve le village de Sabbat-bia ; il y a dans cette localité des citernes d'eau douce excellente renommées dans la contrée. Les habitants sont des Arabes cultivateurs, logés dans de pauvres barraques, construites avec des roseaux et certains herbages à longue tige qui poussent près de là. Nous allions fréquemment en reconnaissance jusqu'à ce village, ainsi que vers le pont d'El-Kantara, du côté de la Syrie, où l'on trouve de l'eau excellente.

Telle était notre situation, avant de pousser plus avant dans un pays difficile et sans ressources, tel que la Syrie ; cette expédition prévue ne pouvait pas tarder beaucoup.

Pendant la durée de notre séjour à Saleieh, le général Bonaparte était au Caire. Il y travaillait à organiser notre occupation définitive du pays, prenait des dispositions pour lever des impôts, afin d'assurer la solde des troupes et de différents services militaires et civils. Il s'attirait la confiance des cheiks en flattant leurs habitudes et garantissant leur culte ; il organisait dans cette grande cité une police à l'européenne en se servant dans ce but des hommes du pays et des étrangers depuis longtemps en rapport avec la population ; notre général pourvoyait à tout. En fin diplomate, il déclarait aux grands du pays que nous n'étions venus en Égypte que pour détruire la puissance despotique des beys. La lettre suivante, écrite au gouverneur de Saïd, donnera une idée de la politique qu'il suivait :

> « Au quartier général du Caire, le 5 fructidor an 6 de la république française.

« *Bonaparte, général en chef, à Achmet-Pacha, gouverneur de Saïd.*

« En venant en Égypte faire la guerre aux beys,
» j'ai fait une chose juste et conforme à tes intérêts,
» puisqu'ils étaient tes ennemis. Je ne suis pas venu
» faire la guerre aux musulmans. Tu dois savoir que
» mon premier soin en entrant à Malte a été de
» mettre en liberté deux mille Turcs qui depuis plu-
» sieurs années gémissaient dans l'esclavage.
» En arrivant en Égypte, j'ai rassuré le peuple,
» protégé les muphtis, les imans, les mosquées ; les
» pèlerins de la Mecque n'ont jamais été accueillis
» avec plus de soin et d'amitié que je ne l'ai fait, et
» la fête du Prophète vient d'être célébrée avec plus
» de splendeur que jamais !
» Je t'envoie cette lettre par un officier qui te fera
» connaître de vive voix mon intention de vivre en
» bonne intelligence avec toi, en nous rendant réci-
» proquement tous les services que peuvent exiger
» le commerce et le bien de tes États, car les musul-
» mans n'ont pas de plus grands amis que les Fran-
» çais.

» Signé : BONAPARTE. »

La haute Égypte était déjà conquise par le brave général Desaix lorsque la lettre ci-dessus fut écrite au gouverneur de Saïd, et l'on commençait à jouir d'une grande tranquillité dans le pays.

J'étais toujours à Saleieh, désirant beaucoup m'en éloigner, car ce peuple lâche et fripon me causait un véritable dégoût.

La population ignorait encore que nous venions de perdre notre escadre, car Bonaparte avait tenu secrète le plus possible cette affreuse nouvelle ; nous ne l'avions appris *officiellement* nous-mêmes que quelques jours après l'arrivée du courrier qui en était porteur. Ainsi que je l'ai dit plus haut, l'annonce de ce désastre déconcerta l'armée et la démoralisa. Nous nous rappelions notre traversée de deux mois, et il nous semblait être à dix mille lieues de notre chère patrie. On disait dans nos états-majors quelques jours avant la triste nouvelle, qu'une seconde expédition de troupes allait débarquer et que nous nous embarquerions pour les Indes, afin d'y détruire les possessions anglaises.

Mais, lorsque le désastre d'Aboukir fut connu de l'armée et que l'on apprit en même temps que cette seconde expédition n'aurait jamais lieu, que nous étions définitivement abandonnés, nous nous crûmes perdus. Nous étions, de fait, expatriés, sans communication avec la France, et malgré toute notre énergie, nous pensions que l'armée serait écrasée et détruite ; les Anglais s'étaient emparés de notre escadre, et devenaient les maîtres du littoral ; en Égypte et en Syrie, l'ennemi se reformait; bientôt des masses énormes allaient se précipiter sur nos campements, enfin une armée turque venait, disait-on, de débarquer en Syrie ; nous avions en perspective une lutte glorieuse mais sans issue, et certainement désastreuse.

Les soldats, qui ne recevaient plus ni lettres, ni nouvelles de France, murmuraient ; comment, dans un moment si critique, ne pas se livrer à d'amères réflexions sur l'avenir ? Comment ne pas faiblir ? Vainqueurs, nous comprenions bien que notre conquête était éphémère, que jamais pouvoir ne fut plus fragile que le nôtre... Nous étions maîtres de l'Égypte, mais captifs et gardés à vue sur son territoire.

Je n'insisterai pas sur l'existence monotone et triste que nous menâmes à Saleieh ; aucun incident digne d'être rappelé ne s'est alors produit.

Nous quittâmes ce campement le 30 fructidor, pour prendre position dans les jardins de Corahim, jusqu'au 7 brumaire an 7 de la république. Le séjour était assez agréable, bien pourvu d'eau et de fruits ; nous y serions restés sans trop d'ennui ; mais dans cette localité, un grand nombre de soldats furent atteints d'une maladie cruelle, l'ophtalmie aiguë. Quelques jours après l'arrivée, je souffris beaucoup, un des premiers, de cette maladie. Privé de sommeil pendant douze jours et aveugle au point de ne plus pouvoir me diriger moi-même, je désespérais de recouvrer la vue ; mais peu à peu mes paupières se rouvrirent, et je revis les objets qui m'entouraient dans la pénombre de l'ambulance. Longtemps encore, la réverbération du soleil me fit souffrir, il m'était impossible de fixer un objet à quelque distance.

Plusieurs de mes camarades, moins heureux que moi, sont restés aveugles à la suite de cette terrible maladie.

Il en est peu d'ailleurs dans l'armée d'Orient qui aient conservé une vue excellente, pendant la durée de cette campagne. Beaucoup d'Égyptiens eux-mêmes sont affectés de l'ophtalmie. On voit, dans la basse Égypte, une quantité prodigieuse d'aveugles ou de borgnes.

Après mon rétablissement, j'employai mes journées de convalescence à parcourir les environs du cantonnement. Tous les jardins, très bien cultivés, sont entourés de murs élevés. Comme il ne pleut jamais dans ce pays et que le Nil se charge lui-même de l'arrosage en débordant, les habitants creusent dans leurs jardins de profondes citernes, destinées à retenir les eaux du fleuve. La provision est périodiquement renouvelée. De petits ruisseaux artificiels dirigent l'eau vers le terrain qui doit être arrosé. Ces travaux d'irrigation sont très ingénieux.

Aux environs de la ville et dans les jardins, les palmiers sont très nombreux. Ce sont des palmiers dattiers, dont les habitants prennent un soin particulier et toujours attentif. Cet arbre produit en effet des fruits parfumés et rafraîchissants, dont les Égyptiens sont très friands, et les feuilles fournissent une matière flexible comme le chanvre, avec laquelle on fait des cordes extrêmement solides. Le bois de l'arbre est employé à la construction de meubles, lits, chaises, tables, etc…

Les orangers et les citronniers sont les principaux arbres de ces jardins ; ils y forment des bosquets charmants. J'admirais avec plaisir ces belles oranges faisant plier mollement les branches qui les portaient, et je m'étonnais en admirant notre discipline grâce à laquelle tous ces fruits d'or n'avaient pas été gaspillés, et n'étaient pas encore passés des jardins de l'ennemi dans nos estomacs. J'avoue qu'en présence des voleurs du pays nous avions trop de vertu.

Tous les huit jours se tenait un marché auquel les paysans des environs se rendaient en foule pour y vendre les produits des environs, des œufs, des poules et des pigeons, de mauvais fromage salé, de mauvais poisson, etc.

Le 7 brumaire, nous partîmes et nous fîmes route vers Belbeïss. C'était au moment de l'inondation du Nil.

La route était envahie par ses eaux et nous fûmes obligés de faire un immense détour par le désert. Notre marche fut ainsi prolongée jusqu'à 11 heures du soir dans des conditions horriblement fatigantes.

En arrivant à Belbeïss nous reçûmes la nouvelle de l'insurrection qui avait éclaté contre nous au Caire et à Belbeïss même, et qui s'était terminée par une terrible répression, à notre honneur et gloire.

La contenance du peu de monde que nous avions à Belbeïss avait suffi pour vaincre la sédition ourdie par les Arabes bédouins et par les fellahs qui recevaient le mot d'ordre du Caire.

Quant à l'insurrection de cette dernière cité très

populeuse, habitée par les agents de Mourad-Bey et d'Ibrahim, elle fut terrible, mais n'aboutit qu'au massacre des insurgés. Dans l'armée, on disait que les Anglais avaient fomenté la révolte avec le sultan, et que la défaite de notre flotte à Aboukir avait relevé le courage de tous les musulmans, qui nous croyaient démoralisés et abattus par ce revers. Il est certain que, si le complot avait réussi, notre armée aurait été très compromise; elle était alors disséminée, les divisions étaient éloignées les unes des autres, et leur réunion aurait nécessité des marches forcées fatigantes et beaucoup de temps dont l'ennemi pouvait certainement profiter.

Il n'est guère douteux que les Anglais aient largement contribué à soudoyer les instigateurs de cette insurrection qui nous causa des pertes cruelles ; on assure même qu'il y eut dans nos rangs des traîtres. Quant à moi, j'ai toujours pensé qu'à la guerre et dans toutes les occasions graves, on était beaucoup trop disposé à crier à la trahison et à porter des accusations hasardées.

Au moment des révoltes du Caire et de Belbeïss, je l'ai déjà dit, nous avions dans les ambulances beaucoup de malades, parmi lesquels un certain nombre d'aveugles. Une énergie suprême s'empara de tous ces malheureux, ils prirent les armes et s'apprêtèrent à défendre le camp, tandis que les hommes valides combattaient en rase campagne. Quelques sous-officiers convalescents avaient pris le commandement des malades.

Pendant notre séjour à Belbeïss, nous apprîmes

que le général Bonaparte était parti du Caire avec une partie de son état-major et quelques troupes pour visiter Suez, petit port sur la mer Rouge, où se jetait jadis le canal de Sésostris, depuis dix siècles disparu sous les sables. Il voulait se rendre compte de la position de cette ville au point de jonction de l'Afrique et de l'Asie, qui ne sont séparées que par un étranglement du désert de quelques lieues de largeur, appelé isthme de Suez, qu'il fallait traverser pour se rendre en Syrie.

Bonaparte revint à Belbeïss le 4 nivôse. Toutes les troupes avaient pris les armes pour le recevoir. Le lendemain, à dix heures du matin, il nous passa en revue, et, réunissant les officiers, il nous adressa comme de coutume une courte allocution. Il nous annonça une expédition prochaine, sans d'ailleurs en indiquer le but d'une façon précise; mais la plupart de nous comprirent que nous ne tarderions pas à nous diriger sur la Syrie. Trois ou quatre jours plus tard, cette nouvelle fut officiellement connue de toute l'armée.

Pendant le séjour de Bonaparte, on me fit part de certains incidents curieux de son voyage à Suez, je les ai notés et je les transcris fidèlement. Bonaparte, en compagnie du général de génie Cafarelli, officier de grand mérite et savant distingué, fit une promenade sur la mer Rouge, à quelque distance des côtes. Comme cette mer a flux et reflux, au moment du reflux, ils se trouvèrent entraînés, et bientôt la chaloupe s'éloigna de plus en plus de Suez ; le vent était devenu contraire ; le général Cafarelli avait l'air peu rassuré. Bonaparte, qui était resté impassible, s'en aperçut et lui dit :

— Qu'avez-vous, mon cher Cafarelli ? vous êtes triste.

— Mais il n'y a guère raison d'être gai, riposta le général ; le vent ne nous est pas favorable, et le reflux va nous emmener au large.

— Quel vent voulez-vous avoir ? demanda Bonaparte.

— Le vent qui nous ramènera au port, dit en souriant Cafarelli.

— Bien, mon cher, vous l'aurez dans dix minutes.

En effet, nous racontaient les adulateurs quand même de Bonaparte, le vent du sud souffla quelques instants après, et, en moins d'une heure, la chaloupe fut ramenée au rivage à pleines voiles.

Peu s'en fallut que Bonaparte ne fût sacré prophète et ne renouvelât le miracle de Jésus apaisant les eaux, dans ce pays de légendes bibliques. Il cherchait d'ailleurs continuellement à frapper les imaginations, et peut-être bien en était-il arrivé à se persuader qu'il jouissait d'une supériorité presque surnaturelle.

Bonaparte se rendit de Suez sur les côtes d'Arabie pour reconnaître la fontaine de Moïse ; mais personne ne pouvait lui indiquer l'endroit poétisé par la Bible.

La soif s'empara de l'escorte, et au moment où chacun se plaignait de ne pas trouver d'eau, Bonaparte mit pied à terre, fit creuser un trou, après quoi il fit tirer un coup de canon, et l'eau arriva en abondance dans cette fontaine improvisée où chacun put se désaltérer. Les Turcs qui faisaient partie de cette expédition furent émerveillés de ce qu'ils prirent pour un miracle, la nouvelle s'en répandit dans toute l'Égypte, et le général en chef passa bientôt pour un prophète nouveau. Aussi certains musulmans l'eurent-ils en vénération et disaient-ils que Bonaparte était un émule de Mahomet.

En revenant de cette expédition avec sa suite, et traversant un bras de la mer Rouge au moment de la marée montante, il fut surpris par la mer, au point de craindre un instant d'être submergé ; il se sauva de ce mauvais pas, après avoir risqué d'être enseveli sous les flots comme Pharaon et son armée (1).

Bonaparte connaissait l'heure et le moment où le vent devait changer, et mille autres détails sur les phénomènes périodiques propres à ce climat où tout est d'une grande régularité. C'est pourquoi il avait prophétisé avec Cafarelli.

Il lui avait été bien facile de faire sortir de l'eau du sol en le faisant creuser assez profondément, car il savait qu'il n'était pas éloigné de la fontaine de Moïse et que par infiltration le trou creux se remplirait bientôt ; lorsque l'eau commença à suinter il fit tirer un coup de canon, pour exciter l'attention sur un phénomène dont le résultat naturel était déjà produit. Il voulait surtout en imposer, par des actes d'apparence miraculeuse, à ces musulmans fata-

---

(1) Voir notes et documents.

listes, dont l'esprit inculte, borné et paresseux ne prend pas la peine de rechercher la cause naturelle et scientifique des faits (1).

(1) Dans son expédition à Suez, il semble que Bonaparte ait voulu répéter à son profit les miracles de Moïse. Le grand comédien des temps modernes s'est essayé dans le rôle du plus grand comédien des âges bibliques, et nous devons convenir qu'il n'a pas été inférieur à son devancier.

V

LA SYRIE

Causes de l'expédition de Syrie. — Marche à travers le désert. — Le miracle du tambour. — Prise d'El-Arich. — La pluie ! Gaza. — Séjour à Ramleh. — Assaut et pillage de Jaffa.

Les débris de l'armée d'Ibrahim s'étaient réfugiés en Syrie, où le pacha d'Acre Achmet-Djezzar leur donnait asile. Déjà ces troupes avaient commis contre nous plusieurs actes d'hostilité ; Bonaparte résolut donc de porter la guerre en Syrie afin de détruire un foyer de résistance menaçant pour l'occupation française.

Peu après la révolte du Caire, il écrivit au gouverneur de Saïd la lettre suivante :

« Au quartier général du Caire, le 29 brumaire
an VII de la république française.

« *Bonaparte, général en chef, à Achmet-Pacha, gouverneur de Saïd.*

« Je ne veux pas te faire la guerre si tu n'es pas

» mon ennemi, mais il est temps que tu t'expliques.
» Si tu continues à donner refuge sur la frontière de
» l'Égypte à Ibrahim-Bey, je regarderai cela comme
» une marque d'hostilité et j'irai à Acre.

« Si tu veux vivre en paix avec moi, tu éloigneras
» Ibrahim-Bey à quarante lieues des frontières de
» l'Égypte et tu laisseras libre le commerce entre
» Damiette et la Syrie; alors je te promets de res-
» pecter tes États, et de laisser la liberté entière au
» commerce entre l'Égypte et la Syrie, soit par terre,
» soit par mer.

» Signé : BONAPARTE. »

On peut juger, d'après cette lettre, des dispositions de celui qui l'écrivait, car il ne tardait guère à mettre ses paroles à exécution. Si la sommation ne recevait pas la réponse que Bonaparte avait dictée lui-même, l'expédition de Syrie ne se ferait certainement pas attendre.

Mais avant de quitter le Caire et d'en éloigner la plus grande partie de l'armée, il prit ses mesures pour assurer la sécurité en Égypte pendant son absence. Il adressa aux habitants la proclamation suivante :

« Chérifs, ulémas, orateurs des mosquées, faites bien connaître au peuple que ceux qui, de gaieté de cœur, se déclareraient mes ennemis, n'auront de refuge ni dans ce monde ni dans l'autre. Y aurait-il un homme assez aveugle pour ne pas voir que le destin lui-même dirige toutes mes opérations? Y aurait-il quelqu'un assez incrédule pour révoquer en doute que tout, dans ce vaste univers, est soumis à l'empire du destin ?

» Faites connaître au peuple que, depuis que le monde est monde, il est écrit qu'après avoir détruit les ennemis de l'islamisme, fait abattre les croix, je viendrais du fond de l'Occident remplir la tâche qui m'a été imposée. Faites voir au peuple que dans le saint livre du Koran, dans plus de vingt passages, ce qui arrive a été prévu, et ce qui arrivera est également expliqué.

» Que ceux que la crainte seule de nos armes empêche de nous maudire changent ; car en faisant au ciel des vœux contre nous, ils sollicitent leur condamnation : que les vrais croyants fassent des vœux pour la prospérité de nos armes.

» Je pourrais demander à chacun de vous compte des sentiments les plus secrets de son cœur ; car je sais tout, même ce que vous n'avez dit à personne ; mais un jour viendra que tout le monde verra avec évidence que je suis conduit par des ordres supérieurs et que tous les efforts humains ne peuvent rien contre moi. Heureux ceux qui, de bonne foi, sont les premiers à se mettre avec moi.

» Signé : BONAPARTE. »

En même temps, les cheiks de la ville du Caire déclaraient dans une autre proclamation que les Français et Bonaparte étaient les meilleurs amis des musulmans et pouvaient seuls empêcher les Russes infidèles de prendre Constantinople.

« Nous vous invitons, habitants de l'Égypte, à ne point vous livrer à des projets de désordre, de sédition et de révolte. Ne cherchez pas à nuire aux troupes françaises. Le résultat d'une conduite contraire à nos conseils attirerait sur vous les malheurs, la mort et la destruction. N'écoutez pas les discours des méchants, et les insinuations perfides de ces gens turbulents et factieux qui ne se plaisent que dans les excès et dans les crimes. Vous auriez trop lieu de vous en repentir.

» N'oubliez pas aussi qu'il est de votre devoir de payer les droits et les impositions que vous devez au gouvernement et aux propriétaires des terres, afin que vous jouissiez, au milieu de votre famille et dans le sein de votre patrie, du repos et de la sécurité. Le général en chef Bonaparte nous a promis de ne jamais inquiéter personne dans l'exercice de l'islamisme, et de ne rien faire de contraire à ses saintes lois. Il nous a également promis d'alléger les charges du peuple, de diminuer les impositions, et d'abolir les droits arbitraires que la tyrannie avait inventés.

» Cessez de fonder vos espérances sur Ibrahim et Mourad, et mettez toute votre confiance en celui qui dispense à son gré les empires et qui a créé les humains. Le plus religieux des prophètes a dit: La sédition est endormie ; maudit soit celui qui la réveillera. »

Ces proclamations furent répandues à profusion en Égypte.

Elles ne suffisaient pas, Bonaparte voulait frapper l'esprit des habitants.

Quelques jours avant son départ, il ne laissa pas échapper l'occasion de faire un exemple. Deux guides de son escorte furent accusés par des indigènes d'avoir assassiné une femme sur la place Ezbekieh. Ces deux malheureux, sur lesquels pesaient des charges apparentes, furent traduits devant un conseil de guerre. Le conseil, faute de preuves et de témoignages concluants, allait acquitter les accusés, lorsque Bonaparte apprit l'affaire et ordonna qu'ils fussent condamnés à mort. Ils furent alors sacrifiés à la volonté du général en chef et fusillés sans autre forme de procès, malgré leurs bons antécédents et leurs protestations sincères d'innocence. Quelques jours plus tard, l'aga de la police découvrit le véritable assassin, qui était un domestique de la maison. Le coupable fut arrêté à son tour, et il avoua son crime ; Bonaparte en fut averti, mais que lui importait à lui la vie d'un soldat ? L'exécution n'avait-elle pas produit l'effet qu'il en attendait ?

L'ordre de départ nous arriva le 17 nivôse an VII. La division commença le lendemain son mouvement offensif, elle s'arrêta le soir à Corahim et y bivouaqua.

Le 19, nous fîmes route sur Saleieh, où nous restâmes jusqu'au 12 pluviôse.

Pendant ce temps, le reste de l'armée s'avançait par détachement sur Catieh, dans le désert, à trois journées de marche de Saleieh. Des convois de vivres et de munitions furent dirigés sur cet endroit.

Bonaparte avait donné l'ordre d'y amasser des approvisionnements considérables et d'y construire des magasins pour ravitailler les troupes, qui journellement devaient y séjourner, pendant la première période de la campagne de Syrie.

En moins de dix jours, grâce à l'activité prodigieuse des chefs de corps, les troupes qui devaient former l'armée expéditionnaire furent concentrées à Catieh.

La colonne dont je faisais partie se mit en route le 12 pluviôse à quatre heures du matin et alla camper vers le soir, après une marche pénible au milieu du désert, à six heures environ de Saleich.

Le 13 et le 14, nous continuâmes notre route à travers les sables mouvants, et nous arrivâmes le lendemain 15 à Catieh, non sans avoir enduré de grandes fatigues, mais, déjà rompus aux misères de toutes sortes de marches semblables. Il était impossible de reculer, et par conséquent superflu de se plaindre ; mais combien nous avons souffert de la chaleur pendant ces quatre jours! Nous ne trouvions pas d'eau ; nos provisions étaient insuffisantes, c'étaient des privations de toutes sortes. Que l'on se figure une plaine immense, dépouillée de toute végétation, des montagnes de sable mouvant soulevées par les vents les plus impétueux, des torrents de poussière calcinée par un soleil ardent qui se précipitaient sur nous comme pour nous engloutir, et nous étouffaient.

Le découragement gagnait les plus braves... Oh ! la mauvaise traversée ! Il fallait pourtant marcher, il fallait arriver... c'était, disions-nous aux soldats, pour le bien, pour la gloire de notre patrie que nous souffrions, et pour notre propre sécurité, car afin d'être tranquilles en Égypte, il fallait détruire l'armée ennemie qui se formait en Syrie pour nous écraser. Il importait de la surprendre avant l'arrivée de renforts turcs ou anglais.

Aussitôt que nous fûmes arrivés à Catieh, on nous fit camper à notre rang de bataille, on distribua tout de suite des vivres à la troupe, et l'on nous indiqua des trous d'eau saumâtre, mais relativement potable, où nous pûmes nous désaltérer. — L'eau était mauvaise, mais on s'accoutume à tout, le moment aurait d'ailleurs été mal choisi pour faire les difficiles.

Le lendemain arriva nous rejoindre la division Kléber. Le général était rétabli de la blessure qu'il avait reçue à l'assaut d'Alexandrie. Comme il était aimé et estimé de tous, notre division lui fit un accueil chaleureux. Nous avions si souvent admiré sa bravoure et son entrain guerrier que son retour à la tête des troupes qu'il commandait fut pour le camp une véritable fête. Kléber était un ami du soldat, dans toute la force du terme ; car, s'il payait de sa personne pendant l'action, il était au bivouac le général le plus scrupuleusement soucieux d'assurer le bien-être et la bonne humeur de ses hommes. De tous côtés nos soldats coururent au-devant de lui et le saluèrent ; le soir, il se promena dans le camp ; sa haute taille, son allure martiale, son regard droit et fier inspiraient le respect et la sympathie.

Le 16 et le 17, l'armée se reposa, l'ordre fut donné

de distribuer des vivres pour quatre jours et de faire provision d'eau; nous ne devions rencontrer, en effet, ni source ni citerne avant El-Arich. Les soldats furent prévenus qu'on ne trouverait pas une goutte d'eau en route, et chacun s'arrangea le mieux qu'il put pour remédier aux souffrances d'une étape difficile.

Ces précautions prises, fidèle à mes habitudes de curiosité, je me promenai, en quête de découvertes, à travers les ruines de Catieh.

Cette ville, qui fut autrefois une des cités les plus riches et les plus renommées de l'Égypte, est complètement détruite, quelques pans de mur indiquent çà et là qu'une grande ville s'élevait autrefois sur cet emplacement désolé.

Le 18, à quatre heures du matin, l'armée marcha sur El-Arich. Le désert n'avait pas seulement l'aspect monotone et triste des jours précédents, il était affreux et inabordable. Une tourmente horrible l'agitait; les chemins étaient impraticables; on ne voyait plus à quatre pas devant soi; nous marchions jusqu'aux genoux dans un sable mouvant, et la tempête qui était devenue violente soulevait des nuages de poussière au milieu desquels nous ne nous apercevions plus.

Notre artillerie ne pouvait pas avancer; il fallait faire halte à chaque instant et pousser aux roues pour aider les attelages aveuglés par la poussière et arrêtés par les tourbillons de vent. Enfin, après une journée horrible, nous fûmes obligés de coucher à une lieue environ du point où nous devions nous rendre, exténués et brisés; mais le vent ayant baissé, on put allumer des feux avec les hautes herbes sèches au milieu desquelles nous nous trouvions et faire le café.

Messieurs les Turcs ne se sont jamais figuré tout ce que nous avions enduré ce jour-là pour le plaisir de les battre, ils en auraient été trop contents. Pour eux la traversée du désert est quelquefois cruelle, mais ils la font sur les dromadaires qui, sans s'inquiéter de la soif, de la faim et du simoun, filent sur le sable avec une agilité surprenante.

Cet exemple avait inspiré à Bonaparte l'idée de créer un corps de dromadaires pour éclairer notre marche, et l'armée s'en est bien trouvée. Chaque dromadaire portait dix hommes. On eut de la peine à s'y accoutumer, car ces animaux ont une marche qui donne la même sensation que celle du roulis sur mer. Tous ceux qui avaient si cruellement souffert du mal de mer pendant la traversée, redoutaient fort ce mode de locomotion.

La nature impose à chaque région certaines coutumes. Sans chameaux et sans dromadaires, l'Afrique et l'Asie ne pourraient correspondre que par mer; les grandes caravanes de la Mecque n'auraient certainement pas lieu. Ces animaux, sobres et infatigables, portent sur leur cou et leur dos d'énormes charges.

Le 19, à la pointe du jour, nous nous remîmes en route. Le chemin était meilleur et le temps plus calme, mais la chaleur nous accablait; l'étape étant plus longue que celle de la veille, beaucoup de soldats gaspillèrent leur provision d'eau, et c'est à peine s'il en resta suffisamment le soir pour faire la soupe et le café. Cette imprévoyance causa de véritables malheurs.

A deux heures du matin, le 20 pluviôse, l'armée se dirigea sur El-Arich. L'eau était épuisée jusqu'à la dernière goutte. Nous avions à peine eu le temps de prendre deux heures de sommeil, aussi la marche était-elle lente ; les soldats dormaient debout, les officiers eux-mêmes, exténués, avaient grand'peine à s'avancer. Dans ces conditions, comment faire bien comprendre aux hommes qu'il était urgent de marcher en avant, sans prendre de repos ?

Cette journée fut donc terrible et mit à dure épreuve les forces physiques et le patriotisme de l'armée. C'était la lutte de la volonté contre la fatigue et la souffrance. Jamais aucune armée, pas même les armées de l'antiquité, n'a fait de marche aussi cruelle.

Les chemins étaient praticables au début ; le vent ne nous gênait pas beaucoup ; le désert était tranquille ; on voyait des montagnes de sable à perte de vue, qui de loin nous apparaissaient comme de gigantesques monuments, de forme irrégulière. Mais si le désert était tranquille, le soleil dardait sur nous tous ses rayons ; beaucoup de soldats ne purent longtemps supporter cette chaleur et tombèrent frappés de congestions cérébrales ou d'insolations ; d'autres refusaient d'aller plus loin, affolés en quelque sorte par la chaleur, la fatigue et la soif ; c'était une débandade horrible à voir, et comment y porter remède ?

la provision d'eau avait été épuisée. C'est ainsi que nous marchâmes péniblement jusqu'à deux lieues d'El-Arich, où, par bonheur, on trouva de l'eau ; cette découverte a certainement sauvé la vie à un très grand nombre de soldats et d'officiers.

L'armée était étendue sur le sable, à quelque distance de la mer ; chacun avait soif, et cependant on désespérait de boire. A quelque distance de là se trouvait une citerne abondamment pourvue, mais nous en ignorions l'existence.

Un tambour, irrité par la soif, se mit à creuser avec sa baguette pour trouver du sable frais dans lequel il plongeait ses mains et sa tête. S'apercevant que l'humidité augmentait au fur et à mesure qu'il faisait un trou plus profond, il s'acharna à sa tâche et bientôt trouva le sable mouillé, puis de l'eau... Sa joie ne connut plus de bornes ; après s'être désaltéré lui-même, il communiqua sa découverte. L'eau était excellente.

Dès que cette découverte fut connue, les soldats se mirent à creuser le sable avec les sabres et les baïonnettes ; et en moins d'un quart d'heure, chacun avait son réservoir d'eau fraîche et se désaltérait. Aussitôt, la gaieté revint comme par enchantement ; l'armée entière rafraîchie se trouva prête à continuer la marche.

Si nous avions cru aux miracles, cet événement nous aurait certainement paru d'ordre surnaturel. Le modeste tambour qui avait fait jaillir assez d'eau pour abreuver une armée, en creusant le sable du désert, venait de renouveler un des actes les plus célèbres de Moïse.

Enfin, bon nombre d'hommes étaient sauvés, il était temps. Jamais, en effet, dans le cours de ma carrière militaire, je n'ai vu une troupe aussi épuisée que la nôtre. Les liens de la discipline semblaient rompus ; seule, une arrière-garde héroïque, presque exclusivement composée d'officiers et de sous-officiers resta en bon ordre ; mais elle était à plus de trois lieues en arrière, afin de ramasser et de protéger les traînards. Fort heureusement, les Arabes ne nous inquiétèrent pas ; s'ils avaient harcelé nos flancs, ainsi qu'ils le firent dans notre marche sur le Caire, ils auraient causé à l'armée des pertes sérieuses en lui enlevant et en ramassant un tiers au moins de ses pauvres fantassins.

Grâce à la baguette miraculeuse du tambour, l'entrain et la joie succédèrent à l'abattement, nous restâmes trois heures en repos, afin de laisser aux traînards et à l'arrière-garde le temps de rejoindre. En arrivant, les hommes qui la composaient se désaltérèrent à leur tour dans nos fontaines improvisées et dans une citerne qu'un officier avait enfin découverte.

Le tableau de cette journée ne s'effacera jamais de ma mémoire. Figurez-vous une armée, refusant de marcher en avant, étendue sur le sable brûlant ; la moitié des soldats meurent de soif ; les veilles, les fatigues et les privations crispent tous les visages, leur aspect est celui de l'hébétement ; plus de chants ! plus de paroles sensées ! du découragement et de l'atonie. Tel était le spectacle de notre armée en arrivant à cette halte ou plutôt en y tombant.

Tout à coup, on annonce que l'on a trouvé de l'eau ; cette nouvelle se transmet, les soldats se lèvent et courent vers l'endroit indiqué, où ils se pressent ; les chefs ont grand'peine à faire comprendre par quels moyens chacun peut se procurer de l'eau. Enfin, ils réussissent à expliquer la découverte qui vient d'être faite ; aussitôt, ce sont de véritables transports d'enthousiasme et des chants de joie, comme si nous venions de remporter une grande victoire.

Le même accueil dut être fait à Moïse par les Israélites. Je me réjouissais de voir nos braves soldats si joyeux ; j'avais assez bien résisté jusqu'alors aux souffrances de la soif, un officier devait donner l'exemple, et je le donnai de mon mieux aux hommes de ma compagnie.

Tandis qu'ils se régalaient en buvant de l'eau fraîche, nous comptions nos pertes : chaque bataillon avait laissé en route un certain nombre d'hommes les uns mourants, les autres incapables de suivre plus longtemps. Peu à peu, ces derniers réussirent à rejoindre ; quelques-uns ayant refusé d'avancer furent massacrés par les Arabes ou périrent dans le désert.

Une affreuse nouvelle vint nous consterner, on nous apprit que deux frères venaient de se donner la mort pour ne pas souffrir plus longtemps dans le désert. Ils avaient pris ensemble cette épouvantable résolution et s'étaient fait sauter la cervelle.

La mort parut alors à quelques soldats d'une constitution trop faible bien préférable aux tourments qu'ils enduraient.

Dès que toute l'armée se fut désaltérée, nous rassemblâmes nos hommes et on se remit en route. Vers dix heures du soir, nous arrivâmes près d'El-Arich et nous prîmes nos positions de combat. Comme les broussailles et l'eau ne manquaient pas, on fit du feu, et en attendant la soupe, on prit le café.

La nuit fut passée gaiement, chacun se restaura en buvant force café et eut bientôt retrouvé toute son énergie. Vers le matin, après quelques moments de repos, nous étions tout disposés à l'action.

Il s'agissait, en effet, de nous emparer du fort d'El-Arich pour y établir nos magasins et faciliter ainsi nos communications entre l'Égypte et la Syrie.

La nuit même de notre arrivée devant la place, un corps de troupes venant de la Syrie y entrait avec un convoi de vivres pour y tenir garnison. Ce détachement avait été envoyé par Djezzar-Pacha et venait de Jaffa.

La division Reynier fut chargée de s'emparer d'El-Arich.

Le 21 pluviôse, à la pointe du jour, on fit battre la générale, la troupe prit les armes, et nous marchâmes au pas de charge sur El-Arich. Il faut bien dire, pour être juste, que le général Reynier ne s'était même pas donné la peine de faire préalablement reconnaître les environs du fort. Il nous fit donc charger contre des murailles. L'ennemi se trouvait dans l'intérieur des fortifications. On s'empara en un instant du village au pied des bastions; mais dès que nos colonnes étaient à découvert, elles essuyaient un feu très vif des remparts et perdaient beaucoup de monde. Cela exaspéra nos soldats, qui passèrent à la baïonnette le peu de Turcs restés dans les maisons et qui, soldats ou non, s'étaient défendus avec acharnement.

Lorsque, le lendemain matin, je vins avec quelques officiers visiter ce village, un spectacle affreux s'offrit à nos yeux. Les rues étaient jonchées de cadavres et personne n'osait aller les relever, car aussitôt que les défenseurs du fort voyaient apparaître un Français, ils faisaient un feu terrible de mitraille et de mousqueterie; je ne sais comment je pus échapper avec mes camarades à ce feu roulant; il est vrai que nous nous glissions de maison en maison, en nous faufilant le plus possible. Je me souviens encore qu'étant entrés dans une petite chambre, nous vîmes seize individus entassés les uns sur les autres, tous percés de coups de baïonnettes. Un seul soldat français, frappé d'un coup de feu, était étendu en travers de la porte.

Jamais je n'ai vu un spectacle plus horrible.

Au fanatisme et à la cruauté des musulmans, il fallait bien opposer des exemples de ce genre, car leur premier soin était, en pareille circonstance, de ne pas faire grâce de la vie à leurs prisonniers.

Toute la journée, la division resta sous les armes, et, la nuit suivante, on ouvrit une tranchée de communications allant du camp au village. On s'occupa aussi de faire sauter les remparts du fort au moyen de mine; on commença les travaux de sape; mais, de son côté, l'ennemi ne restait pas inactif, il fit des contre-mines, et, quelques jours après, les mineurs des deux partis se rencontrèrent nez à nez. Les nôtres déchargèrent leurs armes sur l'ennemi et se hâtèrent de sortir de la mine, qui fut immédiatement fermée derrière eux. Pendant que ces travaux étaient entrepris par les corps spéciaux, l'infanterie était occupée à élever des retranchements en terre autour de notre camp.

A trois quarts de lieue d'El-Arich, sur une hauteur qui dominait nos positions, étaient établis assez fortement quelques milliers de Mameluks. Chaque jour, ils recevaient des renforts et des vivres, de manière à se trouver en mesure d'introduire dans le fort un important convoi.

Ces préparatifs ne tardèrent pas à être signalés par nos reconnaissances, et le général prit ses dispositions pour empêcher le ravitaillement de la place et en finir avec ces Mameluks.

Le 27 pluviôse, à 8 heures du soir, l'ordre fut donné à quatre bataillons de se rassembler en avant du camp : deux de le 9ᵉ demi-brigade et deux de la 85ᵉ, sous le commandement du général Reynier.

Je faisais partie de cette brigade d'assaut. Lorsque les bataillons furent rassemblés, on les disposa pour la marche, et, comme la lune éclairait ces préparatifs et pouvait trahir nos mouvements, on attendit pour nous mettre en route qu'elle fût couchée. Nous avions d'ailleurs peu de distance à parcourir et nous savions bien que notre opération réussirait avant le jour.

Un espion que l'on avait pris dans la journée était chargé de nous conduire directement à la tente du bey qui commandait le camp. A cette condition, le général avait promis à notre guide de lui faire grâce de la vie. Il jura de nous y mener, mais à condition que nous passerions par des chemins qui nous auraient conduits sous les murs de la place.

A une heure du matin, la lune se coucha et nous nous mîmes en route dans le plus grand silence. Nous fîmes un grand détour afin de pouvoir tourner le camp et arriver à la tente du bey sans être aperçus. Plus nous avancions, plus nous découvrions la ligne de leurs feux, et je crois qu'ils y avaient mis du luxe, car on en comptait un nombre beaucoup plus considérable que n'en comportait leur force.

Nous marchions à petits pas et dans le plus profond silence; après avoir longé le camp et lorsque nous n'étions plus qu'à vingt pas des premières tentes, un chien aboya et nous trahit. Le général Reynier donna aussitôt l'ordre d'attaquer, ce qui fut exécuté si vivement que les Mameluks n'eurent pas le temps de monter à cheval. Un désordre affreux se manifesta parmi eux; ils prirent la fuite dans toutes les directions, et beaucoup se précipitèrent dans le ravin qui se trouvait devant leur camp. On entra dans la tente du bey qui, pris à l'improviste, fut tué. D'autres chefs furent massacrés, quelques-uns faits prisonniers. L'ennemi abandonna chevaux, chameaux, bourriques, armes, provisions d'eau contenues dans des outres de peau, munitions de toute sorte; en un mot, tout ce qu'il avait péniblement amassé pour ravitailler El-Arich. En moins d'une heure, nous fûmes les maîtres absolus de cette importante position et de tout le matériel des Mameluks ennemis. Si l'alerte n'avait pas été donnée, ceux-ci auraient été précipités dans le ravin qui fermait leur camp, pas un ne se serait échappé.

Hassein-Bey se jeta, en fuyant, du haut d'une digue dans un fossé; mais il y fut suivi par un sergent de mon bataillon, qui le frappa d'un coup de baïonnette et lui enleva ses armes garnies d'or et d'argent et enrichies de pierreries, et sa ceinture contenant huit mille livres en or.

Ici, je me permets une critique d'ordre militaire. Lorsque nous eûmes enveloppé le camp, il ne vint pas à la pensée du général Reynier, qui nous avait fait marcher jusque-là par bataillon en masse par peloton, de faire prendre les distances, afin de pouvoir nous mettre en bataille par une simple conversion et d'ordonner de charger ensuite par bataillons déployés. L'étendue de notre front de bataille se serait ainsi trouvée égale à l'étendue du camp; nous aurions croisé la baïonnette, et, sans tirer un seul coup de fusil, sans désordre, marchant au pas de charge et formant un demi-cercle très étendu, nous aurions culbuté l'ennemi. Au contraire, nos bataillons en masse, étant séparés par des distances assez considérables, laissèrent beaucoup d'ennemis s'échapper par ces intervalles, et il y eut trop de désordre dans la mêlée. Cela nous fit perdre quelques hommes, tués par nos soldats dans l'obscurité, entre autres un aide de camp du général Lagrange. Quant à l'ennemi, il laissa un grand nombre de morts sur le champ de bataille.

Il n'en est pas moins vrai que ce coup de main fut l'un des plus hardis et des plus heureux de la campagne, et, malgré tout, fit honneur au général Reynier.

Il était temps en effet de nous emparer des magasins de l'ennemi ; car nos provisions étaient consommées depuis plus de trois jours ; nous en étions réduits à manger du chien, du cheval, du chameau, des bourriques, des serpents, des cœurs de palmiers ; plusieurs se nourrissaient des racines que l'on trouvait dans le désert.

Après avoir nettoyé le camp des Mameluks, en enlevant les tentes, les provisions de biscuit, d'orge, de riz, de légumes, nous rentrâmes au camp, et l'ennemi rétrograda sur Gaza, où il rallia ses débris.

Nous étions en fête le lendemain ; car, outre notre joie d'avoir été victorieux, nous avions le bonheur d'apporter du soulagement à la position de nos blessés du 21, qui souffraient horriblement, faute de secours et surtout de nourriture saine.

On continua à travailler avec activité au siège d'El-Arich. Le 29, les travaux d'approche étant finis, on somma la place de se rendre, ce à quoi les défenseurs ne répondirent que par des insolences.

Le 30, le général en chef Bonaparte arriva et ordonna encore de faire quelques ouvrages, avant de commencer le siège.

Le premier octobre an VII, tout était disposé pour l'attaque ; à huit heures du matin, les batteries de brèche commencèrent le feu sur les ouvrages de l'ennemi. En moins de quatre heures, la tour qui se trouvait à l'angle du fort du côté du nord-est fut démolie par nos boulets; la brèche devint praticable, l'assaut allait être donné, lorsque le commandant du fort envoya un parlementaire au camp pour demander une capitulation; mais les conditions qu'il offrait étaient inacceptables. On le renvoya sans discontinuer à battre en brèche. Vers le soir, un autre parlementaire se présenta. On interrompit les hostilités pendant deux heures ; après quoi, la canonnade recommença de plus belle. La nuit vint, le fort ne se rendit pas. Le siège continua donc jusqu'au lendemain matin; le général Bonaparte fit alors écrire la lettre suivante au gouverneur de la place :

Berthier, chef d'état-major général, au commandant du fort d'El-Arich.

« Le général en chef me charge de vous faire
» connaître que la brèche est praticable, que les lois
» de la guerre chez tous les peuples sont que la gar-
» nison d'une ville prise d'assaut doit être passée au
» fil de l'épée ; que votre conduite en cette circons-
» tance n'est qu'une folie de laquelle il a pitié, et que
» sa générosité l'oblige de vous sommer pour la der-
» nière fois de vous rendre. Il ne doute pas qu'après
» la réception de cette lettre, si vous êtes dans votre
» bon sens, vous enverrez deux hommes de considé-
» ration auprès de lui, chargés d'arrêter les détails
» d'une capitulation analogue à votre situation ac-
» tuelle, et conforme à ce qui se pratique en pareille
» circonstance chez tous les peuples policés de la

» terre ; cette démarche peut seule sauver la vie
» aux hommes sous vos ordres, action dont vous
» serez responsable devant Dieu, qui veut que per-
» sonne ne résiste à celui à qui il donne la force et
» la victoire.

» Signé : BERTHIER. »

Cette lettre était bien faite pour influer sur le caractère énergique du commandant du fort, quelque endurci qu'il fût dans la barbarie et la mauvaise foi. Voici la réponse qu'il y fit :

« *Le commandant du fort d'El-Arich et trois autres*
» *commandants de troupe au général en chef*
» *Bonaparte.*

» Nous avons reçu la capitulation que vous nous
» avez adressée. Nous consentons à remettre en vos
» mains le fort d'El-Arich. Nous nous rendrons par
» le désert à Bagdad. Nous vous envoyons la lettre
» des aghas du fort, qui vous promettent par serment,
» pour eux et pour leurs troupes, de ne point servir
» dans l'armée de Djezzar, et de ne point se rendre
» en Syrie d'une année, à compter de ce jour. Nous
» recevrons de vous un sauf-conduit et un drapeau ;
» nous laisserons dans le château tous les approvi-
» sionnements qui s'y trouvent. — La totalité des
» aghas de la garnison jurent solennellement par
» Moïse, Abraham, par le Prophète, auquel Dieu soit
» propice ! et par le Coran, d'exécuter fidèlement

» tous ces articles et spécialement de ne pas servir
» le Djezzar.

» Le Très-Haut et son Prophète sont témoins de
» notre bonne foi.

» Signé : Ibrahim Miram,
Commandant de fort.
Elladjy-Mohammed.
Elladjy-Kadir-Agha.
Móhammed-Agha. »

Le drapeau qu'ils demandaient ne leur fut pas accordé, on les fit sortir comme prisonniers de guerre ; ils furent désarmés sur les glacis du fort, puis on leur donna pleine liberté de se retirer là où bon leur semblerait.

Cela fait, notre marche vers la Syrie continua ; une division se mit immédiatement en route sur Gaza et marcha à fortes journées pour surprendre l'ennemi.

La division Reynier partit également, le 7, pour Gaza. Nous avions fait des provisions de riz et de biscuit, l'eau ne nous manquait pas ; chacun avait pris soin de s'en munir. Rien de plus essentiel, car nous allions rentrer dans le désert. On partit donc, le cœur joyeux, ne prévoyant aucun des accidents qui nous menaçaient.

A peine étions-nous engagés dans le désert, qu'un vent affreux soufflant du nord-est, c'est-à-dire nous cinglant en plein visage, s'éleva avec tant de fureur, que je croyais à chaque instant que nous serions renversés et engloutis.

Nous étions assaillis par des trombes de sable. La poussière était si opaque! que nous marchions les yeux fermés, lorsque le vent soufflait, dans la crainte d'être aveuglés.

Le sable s'élevait, tourbillonnant autour de nous, et, lorsque la tourmente s'apaisait, nous enfoncions encore jusqu'au-dessus des genoux dans ce terrain mouvant. Plusieurs chameaux chargés de provisions, qui marchaient à la queue de la colonne, furent engloutis sous ces montagnes de sables. Nous avancions avec la plus grande difficulté.

Je me souvenais des prédictions funestes que nous faisait le capitaine de l'*Élisabeth,* quand nous étions retenus entre Marseille et Toulon par les vents contraires; il disait : « Si j'étais superstitieux, je ne » ferais pas bon présage à la flotte, car elle reste » trop longtemps sans prendre la mer. »

Et le désastre d'Aboukir venait à ma pensée.

Les augures ne nous étaient pas plus favorables pour l'expédition de Syrie. Jamais, en effet, l'homme n'a été plus en butte aux fureurs des éléments que pendant cette marche à laquelle semblait s'opposer non seulement l'ennemi, mais la nature entière.

Nous avons souffert tout ce que l'homme peut souffrir dans notre marche sur Gaza.

Le premier jour, à force de nous traîner, malgré les injures du temps, nous arrivâmes près d'une petite maison habitée par un simple particulier.

C'était une espèce de ferme, dans laquelle logeaient les Arabes cultivateurs, à l'époque de la moisson. Plus de 1500 trous ou caves, tous d'une profondeur égale, étaient creusés autour de la maison. Ils étaient remplis d'orge et recouverts de paille ; quelques-uns contenaient des provisions considérables de fèves. La position était avantageuse ; on nous y fit camper, et, grâce à ces provisions, toutes nos bêtes de transport purent se régaler, ce qu'elles firent de bon appétit, car elles n'avaient rien mangé depuis la veille.

Le lendemain, nous nous mîmes en route sur les huit heures du matin, et le soir nous couchâmes à Coliqnnes, petite ville bâtie pendant la septième croisade, vers le milieu du XIIIe siècle, près du puits où, selon la tradition, la Samaritaine donna à boire à Jésus-Christ. J'entendis affirmer que ce désert était celui dans lequel Jésus jeûna pendant quarante jours et quarante nuits. Nous étions dans le pays des légendes bibliques. Il est certain que jamais région ne se prêta mieux à l'éclosion de ces légendes ; l'imagination des habitants aidant, le merveilleux apparaît à chaque pas. Un charlatan intelligent ou un extatique devient facilement prophète en ce pays.

Nous fîmes halte, pour nous rafraîchir, près du puits dont je viens de parler. Il était d'une profondeur étonnante. Une corde immense était nécessaire pour atteindre l'eau. J'avais heureusement sur moi une longue ficelle et je réussis à puiser de l'eau qui nous parut délicieuse ; elle nous régalait certes mieux que ne l'avait jamais fait le meilleur vin d'Europe.

A quelque distance de là s'élèvent deux colonnes ; elles indiquent la limite entre l'Afrique et l'Asie.

Le 9, on se mit en marche de Coliounes sur Gaza. A notre grand étonnement, nous nous aperçûmes, à moitié chemin environ, que le temps s'était couvert; bientôt une pluie torrentielle nous inonda. C'était la première fois que nous voyions la pluie depuis notre arrivée dans ces régions brûlantes; mais, en compensation, quelle averse! En un instant, le sol fut détrempé, et tandis que les fantassins avaient de la boue jusqu'aux genoux, l'artillerie, enfonçant jusqu'au moyeu, ne pouvait avancer qu'avec la plus grande peine. Les soldats poussaient aux roues, les conducteurs fouettaient leurs attelages sans relâche. Cette pluie eut au moins pour effet d'enlever le masque de poussière qui s'était formé sur notre visage les jours précédents.

La pluie fut donc bien accueillie; le soldat riait d'une situation si nouvelle, d'autant plus que le paysage avait changé d'aspect et que nous nous trouvions au milieu de terrains cultivés qui offraient à l'œil des plaines et des coteaux verdoyants.

A notre arrivée à Gaza, nous trouvâmes la première division campée dans des bosquets d'oliviers. A son approche, l'ennemi n'avait pas fait de résistance. Les habitants avaient présenté leur soumission au général en chef; nous nous trouvions donc pour la première fois dans un pays plein de ressources, en face d'une population bien disposée. L'armée avait grand besoin de se ravitailler, ce qui se fit sans peine. Notre division campa dans des jardins remplis d'oliviers, à peu de distance de la ville, et nous prîmes un peu de repos.

Nous étions arrivés là de bonne heure; aussi, après avoir pris mon café et dévoré un morceau de biscuit, en attendant la soupe, fidèle à mes habitudes de curieux, allai-je me promener dans la ville.

La situation de Gaza est agréable. Cette ville, qui n'est pas une place forte, est construite sur une éminence qui domine de toutes parts des campagnes riantes; mais l'intérieur de la cité ne répond pas à sa position pittoresque. Les rues étaient tortueuses et si malpropres que, par suite de la pluie tombée pendant la journée, on enfonçait jusqu'à mi-jambe dans la boue. C'était un véritable cloaque au milieu duquel il n'était pas possible de se hasarder.

Je me transportai au point le plus élevé, d'où je pus découvrir, par un moment de calme et d'éclaircie, la campagne environnante. D'un côté se trouve la montagne célébrée par la Bible; de l'autre, à l'occident, la mer Méditerranée s'étendant à perte de vue, et, au midi, des terres cultivées, plantées d'oliviers.

Je ne pouvais détacher mes yeux de cet admirable tableau qui contrastait si brusquement avec l'affreux pays desséché et désert que nous avions parcouru depuis Belbeïss. Ici au moins, nous allions faire la guerre sans craindre de mourir de soif, de faim et de chaleur.

Je rentrai donc au camp, très satisfait de mon exploration. Ce que j'avais vu me rappelait assez bien la Provence et le souvenir de la patrie absente se présenta à ma mémoire avec moins d'amertume.

Le 10, nous partîmes pour Ramleh. La pluie ne

cessait pas de tomber; les chemins étaient défoncés et pires que la veille ; les bagages et l'artillerie restaient embourbés. Lorsque la nuit nous surprit, nous avions fait à peine trois lieues depuis Gaza.

Le 11, à huit heures du matin, nous continuâmes notre route. Les chemins étaient encore plus impraticables; toute la plaine était inondée sur la route, nous eûmes de l'eau jusqu'au ventre; il fallut faire de nombreux détours, souvent inutiles, car plus d'une fois nous retombâmes de Charybde en Scylla. Cependant, après une perte de temps considérable et de grosses fatigues, l'infanterie arriva très tard au point qui lui était assigné, mais crottée et mouillée jusqu'aux reins.

L'artillerie et les équipages restèrent en route. Les Arabes, qui suivaient à distance nos mouvements, eurent l'audace de les attaquer, mais ils reçurent une si bonne leçon qu'ils ne se hasardèrent pas à recommencer.

Quant à moi, je me suis trouvé dans un grand embarras pendant cette journée. Vous allez en juger. Les officiers de la compagnie avaient un bourricot sur lequel ils chargeaient leur batterie de cuisine et leurs provisions. Chacun de nous, à tour de rôle, était chargé de veiller à ce transport auquel notre cuisinier était attaché en permanence avec un ou deux hommes pour l'aider. Nous avions réussi jusqu'alors à entretenir ce service de manière à nous procurer autant de bien-être que possible en un pays ennemi. Mais ce jour-là, tout sembla se réunir contre notre pauvre cantine. J'étais précisément de corvée. Nous suivions un chemin dans lequel, à chaque pas, on s'embourbait jusqu'à la ceinture. Notre pauvre bourricot tomba plus de vingt fois, enfin il plongea dans un bourbier si profond que la boue surmontait les paniers. Tous ses efforts furent inutiles pour se dégager; les nôtres étaient impuissants et, pour mon compte, je ne me souciais pas de partager le sort du pauvre animal. Je fis donc venir des hommes, on enleva les ustensiles puis les paniers avec une grande difficulté; mais il fallait encore essayer de dégager l'animal; englouti jusqu'au ventre dans cette fondrière. On le tirait par le licol, sans résultat; il reculait, au contraire; on l'excitait avec le fouet, on l'assommait de coups de canne, il secouait la tête et n'avançait pas. Enfin, je conseillai de le tirer par la queue, ce qu'on fit, et tout aussitôt, par un effort énergique et rapide, le pauvre animal sauta hors du trou, tomba, se releva, secoua ses flancs, en nous inondant de boue, et se dirigea vers le lieu où étaient déposés nos paniers à provisions. J'en conclus que, pour faire marcher un âne en avant, il faut le tirer en arrière, ce qui est assez la manière de s'y prendre avec les gens têtus, dont le premier mouvement est toujours de faire le contraire de ce qu'on leur demande. Notre camp fut établi sur une hauteur à trois lieues de Ramleh, sur un terrain à peu près sec; mais, vers dix heures du soir, un orage s'éleva du côté de la mer. Le ciel était tour à tour vert, noir, rouge, blanc, puis ces couleurs se mêlaient dans un affreux chaos. Des éclairs gigantesques l'éclairaient à chaque instant, le tonnerre grondait avec rage. Je n'avais jamais rien vu de semblable ; car nous n'avons pas une idée en Europe de ces terribles ouragans. Il m'est impossible d'exprimer les impressions grandioses que nous éprouvâmes pendant cette nuit sinistre. La grêle tomba en abondance ; les grêlons étaient gros et tranchants ; ils tombaient avec une force telle, que plusieurs hommes furent blessés. Enfin une pluie diluvienne suivit cette grêle. Pendant toute la durée de la tourmente, l'armée s'était dispersée ; la plupart des soldats réussirent à s'abriter tant bien que mal.

Le 12, en continuant notre route, nous fûmes arrêtés par un torrent débordé, le Ruben, ainsi nommé, disent les habitants, parce que le tombeau d'un fils de Jacob portant ce nom, se trouve près de là. Les légendes de ce pays sont conservées religieusement par les indigènes, qui sont de grands menteurs et finissent eux-mêmes par croire ce qu'ils disent.

Nous fûmes obligés d'attendre que le beau temps revînt et que le Ruben rentrât dans son lit pour continuer notre route. Cette halte forcée dura deux jours.

Le 14, nous pûmes passer et marcher sur Ramleh, où nous arrivâmes de bonne heure. On nous fit camper dans des jardins d'oliviers. Comme nous avions besoin de nous sécher, les oliviers furent vite dépouillés de leurs branches ; car il n'y avait pas d'autre bois ; on alluma de grands feux et l'armée fit sa toilette : il était temps.

Nous avons séjourné dans cette position de Ramleh

jusqu'au 24, je puis donc parler de la ville et de ses environs avec connaissance de cause.

Cette ville peu importante est mieux construite que celles d'Égypte; les maisons sont assez bien bâties, et les rues y sont en général d'une propreté suffisante. Peut-être doit-on cela aux étrangers, qui s'y trouvent en assez grand nombre. Il y existe un couvent de capucins et une église où l'on célèbre chaque jour la messe. A cette époque, l'église était pauvre et, sauf quelques tableaux, rien n'y attirait l'attention; on voyait que le culte manquait de ressources; mais elle était propre et les rues aux environs étaient bien pavées et entretenues en bon état.

J'allai visiter la tour des *Quarante Martyrs*, et je descendis dans le souterrain lugubre où ils ont été détenus, si l'on en croit la tradition.

L'aspect en est peu réjouissant, et l'accès difficile. On ne peut y entrer qu'en portant des torches résineuses enflammées, car un simple flambeau ne résisterait pas au courant d'air froid qui se dégage de cet affreux souterrain. La voûte de la crypte funèbre est soutenue par des colonnes en granit, antiques, basses et d'un diamètre considérable.

Un cri poussé dans cette caverne retentit comme un coup de canon. Les officiers qui m'accompagnaient et moi, nous avions vu le danger en face plus d'une fois; cependant la visite que nous venions de faire nous laissa une impression sinistre.

Le 18, le bataillon auquel j'appartenais reçut l'ordre de partir en reconnaissance dans les montagnes de la Judée, afin de chercher à savoir si l'ennemi rassemblait des troupes dans les environs pour entraver notre marche sur Jaffa et Saint-Jean-d'Acre.

Le temps était beau. La contrée montagneuse que nous parcourûmes est d'un séjour agréable. De jolis villages bordent la route que suivit le bataillon. Tout d'abord les habitants fuyaient à notre approche; mais, comme un interprète nous accompagnait, il expliqua aux quelques pauvres diables qui n'avaient pas eu le temps de fuir et tremblaient devant nous, que les Français venaient en amis. Les plus hardis rentrèrent bientôt; on leur fit bon accueil. Dès qu'on leur eut montré des pièces de monnaie, ils nous apportèrent des galettes, des figues, des olives, que nous acceptâmes avec reconnaissance et même avec avidité, ce qui paraissait réjouir beaucoup les habitants. Ils nous vendirent ensuite des œufs, de la volaille, du pain, et, après avoir passé la journée fort agréablement à faire notre reconnaissance, nous revînmes au camp chargés de provisions. Il était nuit, on alluma du feu, et plus d'une baguette de fusil fut convertie ce soir-là en broche à rôtir.

Le lendemain, je fus commandé pour aller en détachement à Lidda, à une lieue environ de Ramleh. Je relevai un poste de la 85e demi-brigade. L'adjudant général Devaux commandait les troupes réunies sur ce point.

Je n'eus rien de plus pressé, après l'installation de mes troupes, que de visiter l'intérieur du village. J'y admirai les débris d'une église chrétienne qui avait dû être d'une grande beauté. On voyait encore les restes de l'autel avec des incrustations de marbre et des moulures ciselées, puis des colonnes de marbre magnifiques, des statuettes et des bas-reliefs brisés, qui firent encore l'admiration des amateurs de l'armée.

Près de là s'élevait une mosquée bâtie avec les ruines de l'église et dont la coupole était soutenue par plusieurs colonnes de marbre provenant du temple chrétien. Cette église avait sans doute été bâtie au temps des croisades. Je n'ai jamais pu recueillir de renseignements certains à cet égard.

Elle attestait à la fois la présence de nos pères sur la terre infidèle et la revanche du croissant.

Les chrétiens sont d'ailleurs nombreux dans cette région; mais nous n'étions pas venus reconquérir les lieux saints. La question religieuse ne nous préoccupait guère. Quant à Bonaparte, il tenait surtout à rassurer la population musulmane.

Lidda est une ville relativement bien construite. On y voyait autrefois plusieurs manufactures de savon que les Turcs ont détruites. La terre y est bien mieux cultivée qu'en Égypte.

Pendant notre séjour à Ramleh et à Lidda, la 1re division, sous les ordres directs du général en chef, faisait le siège de Jaffa, place forte située sur le bord de la mer, entourée de fortifications respectables et dans une bonne position défensive. Les savants de l'armée étaient impatients de visiter cette ville, une des plus anciennes cités du globe, qui a joué un rôle important dans l'histoire des Juifs et dans celle des croisades.

C'était la première place forte importante que

notre armée rencontrait dans sa marche à travers la Syrie. Il était nécessaire de l'enlever avant de mettre le siège devant Saint-Jean-d'Acre.

Après avoir investi la place, Bonaparte envoya un parlementaire au commandant de Jaffa, pour lui remettre la lettre suivante :

Au quartier général de Jaffa, le 17 ventôse an VII de la république française.

Berthier, chef d'état-major de l'armée, au commandant du fort et de la place de Jaffa, Dieu est clément et miséricordieux.

« Le général en chef, Bonaparte, me charge de vous
» faire connaître que Djezzar-Pacha a commencé
» les hostilités contre l'Égypte en envahissant le fort
» d'El-Arich ; que Dieu, qui seconde la justice, a
» donné la victoire à l'armée française qui a repris
» le fort ; que c'est par suite des mêmes opérations
» qu'il est entré dans la Palestine dont il veut chas-
» ser les troupes de Djezzar-Pacha qui n'auraient
» pas dû y entrer ; que la place de Jaffa est cernée
» de tous côtés ; que les batteries de plein fouet et
» de brèche vont dans deux heures en culbuter les
» murailles et en ruiner les défenses ; que son cœur
» est touché des maux qu'encourrait la ville entière
» en se laissant prendre d'assaut ; qu'il offre sauve-
» garde à la garnison, et protection à la ville ; qu'il
» retarde, en conséquence, le commandement du feu
» jusqu'à 7 heures du matin.

» Signé : BERTHIER. »

Cette lettre fut accueillie avec dédain par le commandant de la place, qui ordonna aussitôt, contre le droit des gens, de trancher la tête au parlementaire et la fit promener dans toute la ville au bout d'une pique.

Les deux heures expirées, on ouvrit le feu; la brèche fut bientôt praticable, et le 18 on s'emparait de vive force de la place, dont toute la garnison, forte de quatre mille hommes, fut passée au fil de l'épée et jetée dans la mer; la ville fut mise au pillage pendant deux jours, après quoi le général Bonaparte écrivit la lettre suivante aux habitants de Gaza et de Ramleh :

Au quartier général de Jaffa, 19 ventôse an VII, etc.

Bonaparte, général en chef, aux cheiks, ulémas et autres habitants des provinces de Gaza et de Ramleh, Dieu est clément et miséricordieux.

« Je vous écris la présente afin de vous faire con-
» naître que je suis venu dans la Palestine pour en
» chasser les Mameluks et l'armée de Djezzar-Pa-
» cha.

» De quel droit, en effet, Djezzar-Pacha a-t-il
» étendu ses vexations sur les provinces de Jaffa,
» Ramleh et Gaza, qui ne font point partie de son
» pachalik? De quel droit également avait-il envoyé
» ses troupes à El-Arich, et par là, fait une invasion
» dans le territoire de l'Égypte ? Il m'a provoqué à la
» guerre, je la lui ai apportée; mais ce n'est pas à
» vous, habitants, que mon intention est d'en faire
» sentir les horreurs.

» Il est bon que vous sachiez que tous les efforts
» humains sont inutiles contre moi, car tout ce que
» j'entreprends doit réussir.

» Ceux qui se déclarent mes amis prospèrent, ceux
» qui se déclarent mes ennemis périssent.

» L'exemple qui vient d'être donné à Jaffa et à
» Gaza doit vous faire connaître que si je suis terri-
» ble pour mes ennemis, je suis bon pour mes amis,
» et clément et miséricordieux pour le pauvre peuple.

» Signé : BONAPARTE. »

La lettre suivante a été écrite le même jour au peuple de Jérusalem :

« Je vous fais connaître par la présente que j'ai chassé
» les Mameluks et la troupe de Djezzar-Pacha des
» provinces de Gaza, Ramleh et Jaffa ; que mon in-
» tention n'est pas de faire la guerre au peuple ; que
» je suis ami des musulmans, que les habitants de
» Jérusalem peuvent choisir la paix ou la guerre ;
» S'ils choisissent la première, ils enverront au camp
» de Jaffa des députés pour promettre de ne jamais
» rien faire contre moi ; s'ils étaient assez insensés
» pour préférer la guerre, je la leur porterais moi-
» même. Ils doivent savoir que je suis terrible comme
» le feu du ciel contre mes ennemis, clément et mi-
» séricordieux envers le peuple et ceux qui veulent
» être mes amis.

» Signé : BONAPARTE. »

Le peuple de Jérusalem s'empressa d'envoyer des

délégués à Bonaparte, pour faire acte de soumission et d'amitié.

Le 25, à six heures du matin, les troupes campées a Lidda et à Ramleh se mirent en route pour Jaffa. Un grand nombre de chrétiens des deux villes où nous venions de séjourner, redoutant les vengeances des musulmans de la montagne, nous accompagnèrent, ainsi que les religieux d'un couvent de capucins. Nous arrivâmes à deux heures sous les murs de Jaffa; notre camp fut installé au milieu de beaux orangers.

Je visitai la ville, le spectacle en était épouvantable; des cadavres et des débris de toutes sortes jonchaient les rues. Toutes les maisons avaient été saccagées, jamais on ne vit un carnage plus affreux.

Les troupes qui avaient si cruellement souffert depuis leur arrivée en Égypte, mirent au pillage et au massacre une véritable rage. Deux jours durant, il fut impossible de rallier les soldats.

La peste sévissait alors à Jaffa; un grand nombre d'hommes, en pénétrant dans les maisons, tombèrent violemment atteints par le mal, dont les ravages étaient foudroyants.

En quelques jours, le chiffre des malades prit des proportions effrayantes; la terreur se mit dans les rangs de nos soldats. Bon nombre d'officiers, déjà épuisés par les fatigues de la campagne, faiblissaient; l'un deux, l'adjudant général Gréziew, dont nous avions souvent admiré la bravoure au feu, perdit alors toute énergie; il quitta sa tente pour s'enfermer dans une maison, d'où il ne communiquait à l'extérieur que par un trou pratiqué à la porte. Ces précautions furent inutiles. Le malheureux officier mourut au milieu de douleurs atroces.

Notre passage à Jaffa devait être marqué par les épisodes les plus tristes de la campagne. C'est encore près de cette malheureuse ville que Bonaparte donna l'ordre de fusiller tous nos prisonniers musulmans. Ils furent conduits sur le bord de la mer au nombre de plus de deux mille et tués la plupart à coups de baïonnette. Je n'assistai pas à ce spectacle atroce (1).

Enfin, le 24 ventôse, l'armée quitta la ville maudite et fut dirigée sur Saint-Jean-d'Acre.

(1) La nouvelle du massacre, répandue promptement en Syrie, fit de tous les habitants autant d'ennemis irréconciliables des Français et fut la principale cause de la résistance désespérée de Saint-Jean-d'Acre.

VI

SAINT-JEAN-D'ACRE

Premier assaut. — Le chef de bataillon Bernard. — Bombardement. — Assaut général. — La retraite. — Les malades et les blessés. — Retour au Caire. — Aboukir. — Départ de Bonaparte.

Les troupes du général Kléber éclairaient la marche sur Saint-Jean-d'Acre ; elles eurent à disperser quelques bandes de montagnards du pays de Naplouse. Enfin, après une marche pénible, retardée par des pluies incessantes et torrentielles, après avoir surmonté des difficultés de toute espèce, nous arrivâmes, le 26 au soir, près de la ville d'Acre, désormais fameuse dans l'histoire de notre expédition.

Dès le lendemain, les divisions manœuvrèrent pour prendre leurs positions de combat, tandis que le général du génie Cafarelli et le général d'artillerie Dommartin reconnaissaient les abords de la place.

Pour ma part, ainsi que beaucoup d'officiers, je pensais que Saint-Jean-d'Acre ne nous opposerait pas de résistance sérieuse ; nous étions, en effet, trop habitués à compter sur l'infériorité de nos adversaires.

Dans la soirée, les travaux de siège furent commencés, sans attendre l'arrivée des pièces de canon de fort calibre qui nous étaient expédiées d'Alexandrie. Trois pièces de douze seulement furent mises en batterie et ouvrirent le feu sur la partie de la ville qui faisait face à notre camp (1).

Le 6 germinal (26 mars), mon bataillon eut à repousser une sortie de l'ennemi, ce qu'il fit sans grandes pertes. C'est le lendemain que fut tenté le premier assaut. Nous étions en réserve; j'assistai alors à un spectacle bien fait pour donner une haute idée de la valeur française. Une brèche étroite, insuffisante, venait à peine d'être ouverte, que, dans son impatience de s'emparer de la ville, Bonaparte fit donner l'ordre aux grenadiers de la 69ᵉ demi-brigade de s'élancer en avant.

Les reconnaissances avaient été si mal conduites, que ces braves se trouvèrent arrêtés brusquement, sous un feu terrible, au pied d'un fossé, dont l'existence n'était même pas soupçonnée. A l'aide d'échelles, ils descendirent dans ce fossé, et se hissant les uns sur les autres, avec un héroïsme indomptable, ils parvinrent à atteindre la brèche et à pénétrer dans les positions ennemies. Le rempart fut évacué.

---

(1) Le rempart opposé à l'armée française présentait un angle saillant au sommet duquel s'élevait une tour, dont le feu causait de grandes pertes à nos troupes.
La ville était défendue sur son flanc gauche par les deux vaisseaux anglais le *Thésée* et le *Tigre*, placés sous le commandement du commodore sir Sydney Smith.

Au même instant, une fougasse pratiquée sous les retranchements fit sauter ces vaillantes troupes, dont toute l'armée avait applaudi le courage. Un seul des assaillants, le chef de bataillon Bernard, échappa à ce désastre; il fut jeté à plus de cent pas, dans la direction du camp. Il revint à la vie et en fut quitte pour une grande surdité.

L'échec de ce premier assaut donna aux assiégés confiance en leurs forces. Sydney Smith fit diriger la défense par un Français émigré, ancien officier du génie, nommé Philippaux. Les batteries turques furent servies par des canonniers anglais. Des sorties à peu près quotidiennes de la garnison nous causèrent de grandes pertes.

De notre côté, les munitions s'épuisaient: l'armée était fatiguée par les veilles et un service très pénible; les vivres devenaient rares, toute la campagne était dévastée et déserte. Les rassemblements de troupes dans la direction de Damas et de Sour s'étaient formés, en vue d'attaquer l'armée de siège. Bonaparte lança contre eux le général Kléber et vint le rejoindre le 25 germinal, à la tête de la division Bon. Le surlendemain eut lieu la bataille de Mont-Thabor.

Quant à nous, nous étions restés au camp, devant Saint-Jean-d'Acre, où ne se produisit aucun autre incident, en l'absence de Bonaparte, que la distribution de proclamations ridicules, adressées par le sultan aux soldats français. L'une d'elles qui tomba entre mes mains était ainsi conçue :

» *Le ministre de la Sublime Porte, aux généraux, officiers et soldats qui se trouvent en Égypte.*

» Le Directoire français, oubliant entièrement le droit des gens, vous a induits en erreur, a surpris votre bonne foi, et, au mépris des lois de la guerre, vous a envoyés en Égypte, pays soumis à la domination de la Sublime Porte, en vous faisant accroire qu'elle-même avait pu consentir à l'envahissement de son territoire.

» Doutez-vous qu'en vous envoyant ainsi dans une région lointaine, son unique but n'ait pas été de vous exiler de la France, de vous précipiter dans un abîme de dangers, et de vous faire périr tous tant que vous êtes ? Si, dans une ignorance absolue de ce qui en est, vous êtes entrés sur les terres d'Égypte, si vous avez servi d'instrument à une violation des traités, inouïe jusqu'à présent parmi les puissances, n'est-ce point par un effet de la perfidie de vos directeurs ? Oui, certes : mais il faut pourtant que l'Égypte soit délivrée d'une invasion aussi inique. Des armées innombrables marchent en ce moment, des flottes immenses couvrent déjà la mer. Ceux d'entre vous, de quelque grade qu'ils soient, qui voudront se soustraire au péril qui les menacent, doivent, sans le moindre délai, manifester leurs intentions aux commandants des forces de terre et de mer des puissances alliées ; qu'ils soient sûrs et certains qu'on les conduira dans les lieux où ils désireront aller, et qu'on leur fournira des passeports pour n'être pas inquiétés dans leur route par les puissances alliées ni par les bâtiments en course; qu'ils s'empressent donc de profiter à temps de ces dispositions bénignes de la Sublime Porte, et qu'ils les regardent comme une occasion propice de se retirer de l'abîme affreux dans lequel ils ont été plongés.

» Signé : YOUCEF, visir. »

La note suivante, émanant de l'autorité anglaise, était jointe à cette proclamation :

« Je soussigné, ministre plénipotentiaire du roi d'Angleterre près la Porte ottomane et actuellement commandant de la flotte combinée devant Acre, certifie l'authenticité de cette proclamation, et garantis cette proclamation. »
» A bord du *Tigre*, le 10 mai 1799.

» Signé : SYDNEY SMITH. »

Cette proclamation produisit un effet tout contraire à celui que les Turcs et les Anglais en attendaient. Elle irrita l'armée, dont l'honneur était suspecté par l'ennemi. Les soldats attendaient avec impatience le retour de Bonaparte, pour qu'un nouvel assaut fût donné. Les provocations à la désertion et à la trahison ranimèrent les forces et les courages.

Quelques jours après, l'un des plus ardents, le colonel Vénoue, de la 45e demi-brigade, disait à Murat en conduisant ses bataillons à l'assaut :

— Si Acre n'est pas pris ce soir, tu peux dire que Vénoue est mort.

Acre ne fut pas pris, et Vénoue tomba mortellement atteint (1).

Ces bonnes dispositions de l'armée furent encore encouragées par les nouvelles heureuses qui nous arrivèrent de Tabarié et de Jaffa. D'immenses magasins, des approvisionnements considérables étaient tombés entre les mains des troupes : il n'en fallut pas davantage pour effacer la mauvaise impression que l'échec du précédent assaut avait produite au camp.

L'armée victorieuse à son retour fut accueillie avec enthousiasme ; on venait d'apprendre que le contre-amiral Perree, ayant réussi à traverser les lignes des croiseurs anglais devant Alexandrie, était arrivé à Jaffa, où il avait débarqué plusieurs canons de fort calibre et des munitions.

Cette grosse artillerie fut mise en batterie le 12 floréal (1er mai) et on ouvrit le feu sur la tour. Une brèche fut ouverte ; mais les assiégés la réparèrent. Le feu des vaisseaux anglais entravait notre action ; enfin, la peste sévissait plus terrible que jamais. Les souffrances furent telles, qu'un grand nombre de soldats perdirent courage. Leur confiance en Bonaparte diminuait. On murmurait contre son ambition ; la popularité du général Kléber, au contraire, était plus solide que jamais.

Dans la nuit du 18 au 19, Bonaparte ordonna un assaut général. La 9ᵉ demi-brigade fut une des pre-

---

(1) Ces belles mais compromettantes paroles ont été rééditées 72 ans plus tard par le général Ducrot à la veille des sorties sur la Marne pendant le siège de Paris. Le général, malgré un courage que personne n'a songé à contester, survécut à la défaite.

mières engagées. Avec une impétuosité extraordinaire, officiers et soldats, nous nous jetâmes sur les tranchées ennemies. En quelques instants, elles furent envahies. On fit un carnage affreux des Turcs ; le combat reprit avec fureur, aux premières lueurs du jour. Malgré les pertes énormes de nos troupes, Bonaparte ordonnait de continuer l'assaut.

Deux cents grenadiers de la division Lannes réussirent à pénétrer dans la ville ; mais les cris de *sauve qui peut* poussés derrière eux jetèrent la panique dans les troupes qui les suivaient ; après une résistance héroïque, les survivants, n'ayant plus ni poudre ni balles, se rendirent à Sydney Smith.

Ma compagnie fut décimée.

De nouvelles attaques furent également infructueuses. Bonaparte et ses généraux comprirent alors qu'il serait impossible de s'emparer d'une ville aussi éloignée des postes que nous occupions en Égypte. Le siège traînerait certainement en longueur, et nous ne recevions ni convois de vivres, ni munitions, ni renfort ; il prit donc la résolution de rentrer en Égypte. Tous les postes avancés de Sour, Saffet, Tabarié et Nazareth reçurent l'ordre de brûler les magasins et de regagner le camp.

Avant de commencer sa retraite, comment l'armée allait-elle emporter l'immense quantité de malades et de blessés de l'hôpital de Caïffa ? On n'avait ni moyens de transport, ni médicaments pour les traiter en route. Devait-on les laisser entre les mains des Anglais ? l'armée devait-elle se perdre avec eux en essayant inutilement de les sauver ? On réussit à en charger quelques centaines sur les voitures de l'armée. Ceux qui pouvaient se traîner nous suivirent. On en transporta beaucoup jusqu'au petit port de Tentoura, d'où ils furent embarqués pour Jaffa, puis dirigés de cette dernière ville sur Damiette.

Un grand nombre tomba entre les mains des Anglais.

Les autres furent, dit-on, empoisonnés sur l'ordre de Bonaparte. Quant à moi, je n'ai pas été témoin de l'exécution de cet ordre atroce, mais je sais que plusieurs malades, ayant eu connaissance de ce qui les attendait, s'échappèrent de l'hôpital et gagnèrent à la nage les bâtiments anglais.

La retraite commença le 1er prairial.

Nous suivîmes d'abord le rivage de la mer, constamment harcelés par les Naplousains. Le 6 prairial, l'armée fit son entrée à Jaffa ; les soldats achevèrent de dévaster la ville ; pendant le cours de cette retraite, l'ordre fut donné d'incendier les villages sur notre route et d'enlever tous les approvisionnements qu'ils contenaient. La division Reynier fut engagée plusieurs fois ; elle forma la gauche de l'armée et eut affaire à des bandes d'insurgés qui lui enlevèrent quelques hommes.

Enfin, le 19 au matin, notre avant-garde arriva à la Kobbeh, près du Caire : par motif de précaution de santé, elle n'entra dans cette ville que cinq jours plus tard. Quant à nous, nous fîmes notre entrée le 26 prairial (14 juin). Un brillant cortège de résidents français et de notables indigènes vint à notre rencontre, ayant à sa tête les généraux Dugua et Destaing ; l'armée était rangée en bataille.

Le cheik El Bekry, le plus révéré des descendants de Mahomet, offrit à Bonaparte un magnifique cheval noir arabe, richement caparaçonné et un mameluk, Roustan, qui depuis suivit l'empereur dans toutes ses campagnes.

Bonaparte, monté sur le cheval dont on venait de lui faire présent, entra dans la ville en triomphateur. Des fêtes brillantes eurent lieu pour célébrer son retour.

Quant à nous, nous nous réjouissions de retrouver les camarades qui étaient restés au Caire; les fatigues et les souffrances furent bientôt oubliées. Le Caire nous parut alors un séjour délicieux. La ville était tranquille. L'insurrection du 30 vendémiaire précédent avait été étouffée dans le sang.

Les prêtres, dont l'influence est considérable, avaient en Bonaparte, qui les ménageait beaucoup, une confiance absolue. Tandis que nous tenions garnison au Caire, il n'y eut qu'un seul incident digne d'être signalé, car il faillit rallumer la guerre civile. Le cheik El Bekry et l'aga des janissaires Mustapha se disputaient la possession d'un beau mameluk âgé de quinze ans, de la maison de Mourad. Les deux rivaux armèrent de part et d'autre les gens de leur maison, l'un pour garder, l'autre pour conquérir le beau mameluk. La guerre allait éclater, lorsque l'autorité française intervint, le général Dugua examina l'affaire. Le cheik obtint gain de cause; en compensation, Mustapha reçut une indemnité que son rival dut lui payer. Nous vivions ainsi dans le calme et le repos, pendant qu'une partie de l'armée avait été dirigée sur la haute Égypte, pour purger le pays des bandes d'insurgés qui la parcouraient.

On attendait au Caire avec impatience des nouvelles de France. Peut-être notre présence serait-elle beaucoup plus nécessaire dans la patrie que dans cette contrée lointaine, pensions-nous? L'armée d'Égypte était en effet composée des meilleures troupes de la république, et, pendant notre absence, l'ennemi qui menaçait les frontières de la république, pourrait tenter un suprême effort.

Un courrier, parti de Gênes et débarqué à Aboukir, arriva peu après dans la capitale de l'Égypte, porteur de dépêches importantes du gouvernement, de journaux, et d'un grand nombre de lettres pour Bonaparte.

Les journaux nous furent communiqués; ils nous apprirent les revers de nos armées et la situation troublée de la France; l'Italie que nous avions conquise deux années auparavant était envahie, et notre territoire menacé. Ces nouvelles vinrent troubler notre quiétude. Presque aussitôt après, d'autres nouvelles malheureuses parvinrent au Caire; on apprit que la basse Égypte était au pouvoir de l'insurrection et qu'une armée turque menaçait Alexandrie.

La 9ᵉ demi-brigade reçut l'ordre de se mettre en marche sur cette ville; mais, avant notre arrivée, Bonaparte avait déjà repoussé à Aboukir l'armée d'invasion ottomane.

Six mille Turcs s'étaient réfugiés dans la citadelle de cette place, on les somma de se rendre. Les souvenirs d'El-Arich et de Jaffa leur inspiraient une terreur bien naturelle ; ils répondirent par un refus et préparèrent une résistance désespérée.

Le général Menou fut chargé du siège. L'escadre turque tenta quelques efforts pour secourir les soldats du Sultan ; nos batteries heureusement ne tardèrent pas à l'éloigner. Réduits à leurs seules forces, les assiégés subirent avec courage un terrible bombardement, et firent plusieurs sorties inutiles. Mais le fort menaçait ruine, il était déjà rempli de cadavres ; dont l'odeur empestait l'air. La garnison souffrait toutes les tortures de la soif et de la faim, elle se résigna à implorer la clémence du vainqueur.

La place capitula le 15 thermidor. Nous vîmes sortir du fort une véritable bande de spectres, ayant à sa tête le fils du pacha. Les Turcs jetaient leurs armes et imploraient le pardon ; ils furent traités avec humanité.

Bonaparte était rentré à Alexandrie le 9 au soir, avec le pacha son prisonnier d'Aboukir ; il s'empressa d'envoyer en France un avis pour annoncer sa victoire.

Quelques jours après la bataille qui assurait, au moins pour quelque temps, le sort de l'armée, le général en chef revint au Caire ; il était vivement préoccupé. L'expédition d'Égypte lui apparaissait dès lors comme sans issue. Peut-être se terminerait-elle par un massacre ou une capitulation, dans laquelle sombreraient sa gloire et ses espérances ? D'autre part, il connaissait la situation critique de la France et nourrissait déjà le désir de tirer parti des circonstances.

Le 30 thermidor, l'amiral Ganteaume fit connaître au général le départ de l'escadre anglaise, qui était allée se ravitailler à Chypre ; Bonaparte résolut de ne pas attendre plus longtemps et de quitter l'Égypte.

Dans la crainte des objections qui pourraient lui être faites et peut-être de l'opposition que mettrait l'armée au départ du général, cette détermination fut tenue secrète. Bonaparte fit annoncer qu'il partait pour le Delta (1) et quitta le Caire, le 1er fructidor (18 août). Les généraux Berthier, Andréossy et deux cent cinquante guides, commandés par Bessières, l'accompagnaient ; Kléber n'avait pas été prévenu.

Le 5 au soir, la petite troupe se trouvait réunie entre le pharillon d'Alexandrie et l'anse de Canope ; le général Menou, mandé par le général, était présent ; Bonaparte lui remit un pli cacheté et annonça à ceux qui l'avaient escorté qu'ils allaient s'embarquer avec lui pour la France. Cette nouvelle fut accueillie avec la joie la plus vive par le petit nombre d'élus ; les chevaux, dont l'embarquement est difficile, furent abandonnés sur la plage. Les généraux Marmont, Lannes et Murat et M. Denon, qui se trouvaient à Alexandrie, reçurent avis de rejoindre immédiatement, ce qu'ils firent avec empressement.

A dix heures du soir, l'embarquement était terminé ; le lendemain, à la pointe du jour, l'escadrille leva l'ancre ; elle se composait de deux frégates : le *Carrère,* sur lequel étaient montés les généraux

---

(1) V. notes et documents.

Lannes, Murat et Marmont, et le *Muiron,* qui portait Bonaparte, son secrétaire Bourrienne, son aide de camp Lavalette, le contre-amiral Ganteaume, les généraux Berthier et Andréossy et MM. Monge et Berthollet (1).

La nouvelle du départ de Bonaparte produisit dans les rangs de l'armée une stupéfaction profonde, mais nullement le désespoir. Le prestige du général en chef avait été rudement atteint pendant la campagne de Syrie; on pensa généralement qu'il désespérait de jamais établir définitivement le pouvoir français en Égypte et que nous ne tarderions pas, nous aussi, à retourner en France. Nous avions tous grande confiance en Kléber, beaucoup plus soucieux que Bonaparte du bien-être des soldats et plus ménager de leur vie. Le dépit, au contraire, fut grand chez ceux qui s'étaient attachés à la fortune de Bonaparte et qu'il venait d'abandonner en Égypte; mais aucun de ces dévoués eux-mêmes ne supposait quel rôle

---

(1) Au moment où l'escadrille mettait à la voile, on vit arriver un bateau, faisant force rames, sur lequel se trouvait M. Parceval de Grandmaison, membre de la commission scientifique. Bonaparte, qui avait donné des ordres formels, refusait de le recevoir à bord, mais il céda sur les instances de MM. Monge et Berthollet.

Trois avisos escortaient les frégates et éclairaient leur marche : la *Revanche,* l'*Indépendant* et la *Foudre.* Ce dernier portait les drapeaux pris en Égypte. Comme il suivait difficilement l'escadre, Bonaparte donna l'ordre à l'officier qui le commandait d'envoyer par yole les objets curieux et les drapeaux qu'il contenait au *Muiron,* et de retourner à Alexandrie.

On comprend facilement quelle déception éprouvèrent ceux qui étaient à bord de l'aviso. L'escadre continua sa route, et, après avoir mouillé à Ajaccio, arriva à Fréjus le 17 vendémiaire an VIII (9 octobre 1799).

le général jouerait quelque temps plus tard en France. La grande majorité de l'armée était d'ailleurs profondément républicaine. Peu avant le départ de Bonaparte, le colonel Boyer de la 18ᵉ demi-brigade, disait : « Bonaparte général de la république trouvera toujours un homme prêt à le suivre partout ; mais, si je soupçonnais qu'il voulût jamais être un César, il trouverait en moi le premier Brutus qui lui plongerait un poignard dans le cœur. »

La campagne d'Italie nous avait sans doute enthousiasmés, et l'armée qui s'était illustrée sous les ordres de Bonaparte aimait son général en chef ; mais l'expédition d'Égypte avait quelque peu refroidi notre admiration.

VIII

HÉLIOPOLIS

Kléber. — Traité d'El-Arich. — Mauvaise foi des Anglais. — Bataille d'Héliopolis. — Insurrection du Caire. — Belle conduite de deux cents Français. — Assassinat de Kléber.

La victoire d'Aboukir avait sauvé l'armée du grave danger qui la menaçait, mais il paraissait bien évident que l'armée française ne devait pas songer à conserver l'Égypte et que son nouveau général ne pouvait avoir d'autre but que celui de préparer l'évacuation et un traité honorable.

Sur ces entrefaites, nous apprîmes au Caire la capitulation d'El-Arich et la trahison d'une partie de la garnison (1). L'armée turque s'avançait de

---

(1) Quatre-vingts hommes de la garnison d'El-Arich refusèrent d'obéir au colonel du génie Cazals, commandant du fort, et arborèrent le drapeau blanc. Aussitôt les Turcs se précipitèrent sur les retranchements, les envahirent et massacrèrent tous les soldats, sans en excepter ceux qui avaient trahi et venaient de livrer la place.

nouveau nombreuse et menaçante vers la capitale de l'Égypte.

Kléber, dans cette circonstance critique, prit le parti de traiter, pour éviter une effusion de sang inutile, mais à la condition que son honneur et celui de l'armée seraient saufs. Le général Desaix et le citoyen Poussielgue, administrateur général, conclurent avec les négociateurs turcs une importante convention, réglant l'évacuation de l'Égypte par l'armée française. En voici les passages les plus importants :

« L'armée française en Égypte, voulant donner une preuve de ses désirs d'arrêter l'effusion du sang et de voir cesser les malheureuses querelles survenues entre la république française et la Sublime Porte, consent à évacuer l'Égypte, d'après les dispositions de la présente convention, espérant que cette concession pourra être un acheminement à la pacification générale de l'Europe.

» Article 1er. L'armée française se retirera avec armes, bagages et effets sur Alexandrie, Rosette et Aboukir, pour y être embarquée et transportée en France, tant sur ses bâtiments que sur ceux qu'il sera nécessaire que la Sublime Porte lui fournisse ; et pour que lesdits bâtiments puissent être plus promptement préparés, il est convenu qu'un mois après la ratification de la présente, il sera envoyé au château d'Alexandrie un commissaire avec cinquante personnes de la part de la Sublime Porte.

» Art. 2. Il y aura un armistice de trois mois en

Égypte, à compter du jour de la signature de la présente convention, et cependant, dans le cas où la trêve expirerait avant que lesdits bâtiments à fournir par la Sublime Porte fussent prêts, ladite trêve sera prolongée jusqu'à ce que l'embarquement puisse être complètement effectué ; bien entendu que, de part et d'autre, on emploiera tous les moyens possibles pour que la tranquillité des armées et des habitants dont la trêve est l'objet ne soit point troublée.

» Art. 3. Le transport de l'armée française aura lieu d'après le règlement des commissaires nommés à cet effet par la Sublime Porte, et par le général en chef Kléber ; et si lors de l'embarquement il survenait quelque discussion entre lesdits commissaires sur cet objet, il en sera nommé un, par M. le commodore Sydney-Smith, qui décidera les différends d'après les règlements maritimes de l'Angleterre. »

Les articles 4 et 6 fixaient les délais d'évacuation de chacune des places de l'Égypte. Les articles 7, 8, 9 étaient relatifs aux prisonniers de guerre ; la convention continuait :

» Art. 10. Aucun habitant de l'Égypte, de quelque religion qu'il soit, ne sera inquiété, ni dans sa personne ni dans ses biens, pour les liaisons qu'il pourra avoir eues avec les Français pendant leur occupation de l'Égypte.

» Art. 11. Il sera délivré à l'armée française, tant de la part de la Sublime Porte que de la Grande-Bretagne, les passeports, sauf-conduits et convois nécessaires pour assurer son retour en France.

» Art. 12. Lorsque l'armée française d'Égypte sera embarquée, la Sublime Porte, ainsi que ses alliés, promettront que, jusqu'à son retour sur le continent de la France, elle ne sera nullement inquiétée ; comme de son côté le général en chef Kléber et l'armée française en Égypte promettent de ne commettre, pendant ledit temps, aucune hostilité ni contre les flottes, ni contre le pays de la Sublime Porte et de ses alliés, et que les bâtiments qui transporteront ladite armée ne s'arrêteront à aucune autre côte qu'à celle de France, à moins de nécessité absolue.

» Art. 13. En conséquence de la trêve de trois mois, stipulée ci-dessus avec l'armée française pour l'évacuation de l'Égypte, les parties contractantes conviennent que, si dans l'intervalle de ladite trêve quelques bâtiments de France, à l'insu des commandants des flottes alliées, entraient dans le port d'Alexandrie, ils en partiraient après avoir pris l'eau et les vivres nécessaires, et retourneraient en France munis des passeports des cours alliées ; et dans le cas où quelques-uns desdits bâtiments auraient besoin de réparations, ceux-là seuls pourraient rester jusqu'à ce que lesdites réparations seraient achevées, et partiraient aussitôt après pour la France, comme les précédents, par le premier vent favorable.

» Art. 14. Le général en chef Kléber pourra envoyer sur-le-champ en France un aviso, auquel il sera donné les sauf-conduits nécessaires pour que ledit aviso puisse prévenir le gouvernement français de l'évacuation de l'Égypte.

» Art. 15. Étant reconnu que l'armée française a

besoin de subsistances journalières pendant les trois mois dans lesquels elle doit évacuer l'Égypte, et pour trois autres mois, à compter du jour où elle sera embarquée, il est convenu qu'il lui sera fourni les quantités nécessaires de blé, viande, riz, orge et paille, suivant l'état qui en est présentement remis par les plénipotentiaires français, tant pour le séjour que pour le voyage, celle desdites quantités que l'armée aura retirées de ses magasins après la ratification de la présente seront déduites de celles à fournir par la Sublime Porte. »

L'article 16 décidait que l'armée ne prélèverait plus en Égypte aucune contribution de guerre. Les articles 18 et 19 stipulaient les sommes qui seraient versées dans la caisse de l'armée française, pour subvenir aux frais des troupes jusqu'au retour en France.

La convention se terminait ainsi :

« Art. 19. Pour faciliter et accélérer l'évacuation des places, la navigation des bâtiments français de transport, qui se trouveront dans les ports français de l'Égypte, sera libre pendant les trois mois de trêve, depuis Damiette et Rosette jusqu'à Alexandrie, et d'Alexandrie à Rosette et Damiette.

» Art. 20. La sûreté de l'Europe exigeant les plus grandes précautions pour empêcher que la contagion de la peste n'y soit transportée, aucune personne malade, ou soupçonnée d'être atteinte de cette maladie, ne sera embarquée ; mais les malades, pour cause de peste ou pour toute autre maladie qui ne permettrait pas leur transport dans le délai convenu pour l'évacuation, demeureront dans les hôpitaux où ils se trouveront, sous la sauve-garde de son altesse le suprême Vizir, et seront soignés par des officiers de santé français, qui resteront auprès d'eux jusqu'à ce que leur guérison leur permette de partir, ce qui aura lieu le plus tôt possible. Les articles 11 et 12 de cette convention leur seront appliqués comme au reste de l'armée, et le commandant en chef de l'armée française s'engage à donner les ordres les plus stricts aux différents officiers commandant les troupes embarquées de ne pas permettre que les bâtiments les débarquent dans d'autres ports que ceux qui seront indiqués par les officiers de santé, comme offrant les plus grandes facilités pour faire la quarantaine utile, usitée et nécessaire.

» Art. 21. Toutes les difficultés qui pourraient s'élever et qui ne seraient pas prévues par la présente convention, seront terminées à l'amiable entre les commissaires délégués à cet effet par Son Altesse le suprême Vizir, et par le général en chef Kléber, de manière à faciliter l'évacuation.

» Art. 22. Le présent ne sera valable qu'après les ratifications respectives, lesquelles devront être échangées dans le délai de huit jours ; ensuite de laquelle ratification la présente convention sera religieusement observée de part et d'autre.

» Fait, signé et scellé de nos sceaux respectifs, au camp des conférences près d'El-Arich, le 4 pluviôse an VIII de la république française, 24 janvier 1800 (v. st.), et le 28 de la lune de chaban, l'an de l'hégyre 1214. »

Kléber approuva cette convention, qui devait nous assurer une retraite honorable; mais les vices du traité conclu un peu à la légère ne tardèrent pas à se manifester.

L'assentiment de l'Angleterre était nécessaire pour que la convention fût exécutée. Or, Sydney-Smith, commandant des forces britanniques, ne l'avait pas signée.

De notre côté, le traité fut scrupuleusement respecté, aucun acte de guerre ne se produisit. Tout était préparé en vue d'une évacuation prochaine. L'escadre anglaise elle-même en observait tacitement les clauses; les généraux Desaix et Davoust s'embarquèrent avec un sauf-conduit de Sydney-Smith; mais, le 10 ventôse, des instructions nouvelles parvinrent au commandant anglais, et il s'opposa au départ des généraux Dugua et Vial et de M. Poussielgue.

Le lendemain, cette opposition fut levée par faveur spéciale; les Anglais réussirent ainsi à se débarrasser de quelques-uns de nos meilleurs généraux.

On ne pouvait croire encore qu'après avoir tacitement reconnu le traité, ils refuseraient ensuite d'en poursuivre l'exécution.

Kléber, très confiant, avait déjà ordonné de nombreux mouvements de troupes et dégarni plusieurs points importants, lorsque le secrétaire du commodore Smith se présenta au quartier général français, porteur d'une missive importante.

Sydney-Smith prévenait le général Kléber que le

commandant en chef de la flotte anglaise dans la Méditerranée refusait de reconnaître le traité d'El-Arich.

L'évacuation pure et simple ne convenait plus à l'amiral Keith, dont l'espoir était de recueillir prochainement prisonniers les débris de l'armée française : il adressa à Kléber la lettre suivante :

A bord du vaisseau de S. M. la Reine Charlotte.

A Minorque, le 8 janvier 1800.

« Monsieur,

» Ayant reçu des ordres positifs de S. M. de ne consentir à aucune capitulation avec l'armée française que vous commandez en Égypte et en Syrie, excepté dans le cas où elle mettrait bas les armes, se rendrait prisonnière de guerre et abandonnerait tous les vaisseaux et toutes les munitions des ports et villes d'Alexandrie aux puissances alliées ; et, dans le cas où une capitulation aurait lieu, de ne permettre à aucune troupe de retourner en France qu'elle ne soit échangée ; je pense nécessaire de vous informer que tous les vaisseaux ayant des troupes françaises à bord, et faisant voile de ce pays avec des passeports signés par d'autres que ceux qui ont le droit d'en accorder, seront forcés, par les officiers des vaisseaux que je commande, de rentrer à Alexandrie, et que ceux qui seront rencontrés retournant en Europe, d'après des passeports accordés en conséquence d'une capitulation particulière avec des puissances alliées, seront retenus comme prise, et tous les individus à bord considérés comme prisonniers.

« *Signé* : KEITH. »

Cette lettre dissipa les dernières illusions. Cependant Kléber voulait tenter encore un dernier effort, lorsqu'il apprit que les Turcs avaient déjà recommencé les hostilités. Aussitôt, il donna l'ordre à ses négociateurs de cesser les conférences et se prépara à faire payer aux Anglais et aux Turcs leur odieuse mauvaise foi.

Sans perdre un seul jour, il fit aussitôt réarmer les forts du Caire, rassembla toutes les troupes disponibles et prit position en avant de cette ville. Une émeute éclata au Caire, elle fut promptement étouffée.

La mauvaise foi de l'Angleterre avait excité l'indignation de l'armée. Kléber fit connaître aux troupes les propositions de capitulation que lui avait adressées l'amiral Keith et se contenta d'ajouter ces belles paroles :

— Soldats, on ne répond à de telles insolences que par la victoire, préparez-vous à combattre.

Cette courte proclamation releva tous les courages. Kléber enjoignit au grand vizir de retourner à Belbeïss et à Saleieh, sur la frontière de Syrie. Le vizir répondit qu'il ne reculait jamais.

— F..... ! dit Kléber, impatienté, je le ferai bien reculer demain, et plus vite qu'il ne voudra.

Le général en chef convoqua les officiers généraux en conseil de guerre et leur expliqua en détail son plan de bataille. Les troupes se mirent en mouvement à minuit et prirent leur position de combat. A droite, la division Friant ; à gauche, la nôtre, commandée par le général Reynier. Les brigades étaient formées en carrés, au nombre de quatre, sous les ordres des généraux Belliard, Donzelot, Robin et Lagrange. L'artillerie légère occupait les intervalles des carrés, la cavalerie, commandée par le général Leclerc, était placée entre les deuxième et troisième carrés.

En arrière était postée la réserve.

Je me retrouvais dans une région où la 9° demi-brigade avait campé plusieurs semaines avant l'expédition de Syrie.

Les attaques des Turcs échouèrent ; nos carrés marchèrent en avant et emportèrent Matarieh et Elanka. C'est dans cette dernière localité que nous prîmes enfin quelque repos et quelque nourriture. Depuis vingt-quatre heures, les soldats n'avaient eu qu'une distribution d'eau-de-vie, faite la nuit avant le combat. Le camp des Turcs était heureusement bien approvisionné et nos hommes se dédommagèrent.

Nous nous réjouissions du succès de cette journée, qui a pris le nom de bataille d'Héliopolis (1), lorsque le canon se fit entendre dans la direction du Caire.

Nous apprîmes alors qu'un important corps de cavalerie, composé d'Osmanlis et de Mameluks d'Ibrahim-Bey, s'était jeté sur le Caire et avait soulevé la popu-

---

(1) Les ruines d'Héliopolis sont proches du champ de bataille.

lation contre la faible garnison que nous avions laissée dans la ville.

Deux mille hommes occupaient la citadelle, sous les ordres des généraux Verdier et Zayonchek.

Pour les dégager, Kléber mit aussitôt les divisions en marche sur Belbeïss et Saleieh. Notre demi-brigade, après s'être emparée de la première localité, marchait sur Koraïm, occupé par l'ennemi, lorsque nous nous aperçûmes que le général Kléber, qui s'était avancé dans notre direction, escorté par un régiment de hussards, venait d'être surpris par plusieurs milliers de Mameluks. Le général Reynier lança aussitôt sur l'ennemi un régiment de dragons. Une superbe mêlée de cavalerie s'engagea sous nos yeux ; les Mameluks, après une courte résistance, furent promptement dispersés.

Nous arrivâmes à deux lieues de Saleieh, où le général craignait de rencontrer une résistance vigoureuse de la part des Turcs, acculés au désert ; mais le village avait été abandonné par l'ennemi. Les habitants qui nous connaissaient vinrent à notre rencontre et nous n'eûmes qu'à prendre possession du camp.

La division Reynier y fut laissée pour surveiller le désert, et Kléber partit le 3 germinal au soir, avec le reste de l'armée, pour reprendre le Caire, où nous allâmes le rejoindre 20 jours plus tard, au moment de l'assaut.

Le vizir Rassif-Pacha, qui s'était emparé de la ville, avait déjà commis d'épouvantables atrocités ; tous les musulmans, qui s'étaient ralliés à nous et avaient accepté des fonctions, périrent au milieu des supplices ; quelques-uns furent empalés.

Les Français, qui n'avaient pas suivi l'armée vers Héliopolis, occupaient les forts et la citadelle. Deux cents d'entre eux, parmi lesquels plusieurs convalescents, se trouvaient sans défense dans la maison du général en chef sur la place Esbekieh. Ils attendaient l'attaque, lorsque la populace, dirigée par quelques fanatiques, se rua sur la maison. Les assiégés dirigèrent sur les assaillants tout d'abord une fusillade bien nourrie, puis se jetèrent sur eux, la baïonnette en avant, et dégagèrent la place en quelques minutes.

Ces deux cents soldats, commandés par l'adjudant général Duranteau, restèrent ainsi abandonnés, deux jours durant, au milieu de cette ville soulevée ; ils s'apprêtaient à vendre chèrement leur vie, lorsque le général Lagrange arriva devant la place avec l'avant-garde de l'armée ; il lança aussitôt une forte colonne dans la direction du quartier général, où les braves s'étaient retranchés, et réussit à disperser les bandes d'insurgés et les Mameluks qui en avaient commencé le siège.

Lorsque nous arrivâmes devant le Caire, tout était disposé pour une attaque générale. Elle fut retardée par la pluie, si rare en Égypte. Le 28 seulement, l'ordre d'assaut fut donné dans la journée. Le combat commença à la nuit tombante.

Notre division pénétra dans la ville par la porte Bab-el-Charieh, la résistance des Turcs fut opiniâtre ; mais ils perdirent toutes leurs positions, la colère du soldat était grande; plusieurs maisons furent pillées et leurs habitants massacrés; mais, le combat terminé, nos hommes écoutèrent la voix de leurs officiers et se rallièrent; beaucoup d'entre eux même portèrent les blessés turcs aux ambulances et leur donnèrent les premiers soins.

Deux jours plus tard, l'armée turque capitula.

Notre division fut chargée de la périlleuse mission d'escorter les Turcs jusqu'à l'entrée du désert près de Saleieh. Nous jugeant sans doute d'après eux-mêmes, les soldats du vizir craignaient la vengeance du soldat, pendant la route; ils paraissaient tout étonnés de l'humanité des officiers et des hommes de l'escorte; plusieurs chefs nous exprimèrent toute leur reconnaissance et leur admiration, avant d'entrer dans le désert.

L'Égypte était de nouveau pacifiée. L'armée fit une entrée imposante au Caire, et les villes qui s'étaient révoltées furent frappées d'impôts extraordinaires, dont le produit servit à payer la solde des troupes. Le Caire dut verser dans les caisses françaises une contribution de 12 millions, dont moitié en argent, moitié en objets utiles à l'équipement et à l'habillement des soldats.

L'ordre était partout rétabli. Les Égyptiens rendirent hommage à la modération et à la justice de Kléber, jamais l'autorité française ne fut mieux respectée.

Je profitai de mon séjour au Caire pour bien me rendre compte des mœurs de ses habitants et connaître la ville. Après avoir visité tous les monuments, la citadelle, le puits Joseph, l'aqueduc, le Mekias, etc..., Je visitai les établissements les plus divers, entre autres le bazar des femmes. Un vieillard nous en fit les honneurs et nous présenta comme acheteurs. Dans une chambre sale, obscure, étaient accroupies une douzaine de femmes noires, aux cheveux crépus. Sur l'ordre de leur maître, elles jetèrent bas les misérables haillons dont elles étaient affublées et se prêtèrent avec résignation à l'examen le plus consciencieux; mais leur peau huilée, les chairs déformées, le visage bestial de ces esclaves n'avaient rien de séduisant. Le marchand vanta inutilement les qualités de son sérail; il ne fit d'affaires ni avec moi, ni avec mes compagnons. Les femmes blanches, dont quelques-unes fort jolies, abandonnées par les Mameluks après la prise du Caire, étaient d'ailleurs nombreuses dans la ville et à la disposition des nouveaux maîtres du pays. Un des établissements les plus curieux du Caire à cette époque était sans contredit celui des bains. Je ne manquai pas de le visiter. On me fit pénétrer dans une vaste salle, où je me déshabillai : un esclave m'apporta des sandales de bois, me passa une serviette autour des reins et me conduisit dans une salle basse et voûtée, toute pleine de vapeurs. Suffoqué d'abord par la chaleur, je m'habituai peu à peu à cette atmosphère et même y trouvai, après quelques instants, un véritable bien-être. Après une halte assez longue, lorsque j'eus suffisamment transpiré, l'esclave me conduisit dans une seconde salle, me fit asseoir sur un tabouret, me frotta tout le corps avec un gant de crin et m'inonda de savon et d'eau tiède; puis il fit jouer toutes les articulations des membres avec une dextérité et une souplesse merveilleuses.

L'opération étant alors terminée, je repris le chemin de la première salle, où un esclave, après m'avoir entouré de linges le corps et la tête, me fit étendre sur un lit de repos, et me servit le café et la pipe.

Une des opérations fort en honneur dans ces bains, est celle de l'épilage, à laquelle la plupart des Égyptiens se soumettent.

Des femmes fréquentent l'établissement à certains jours fixés; pauvres et riches peuvent s'y reposer, selon les lois de l'hygiène orientale, car le prix des bains est on ne peut plus modéré.

Sur ces entrefaites, nous apprîmes le coup d'État du 18 brumaire et l'élévation de Bonaparte au consulat. Ces nouvelles produisirent une grande sensation; les uns accueillirent le succès de notre ancien général en chef avec une joie bruyante; ils se félicitaient du renversement du Directoire; les autres considéraient alors que cet événement aurait sans doute pour effet de sauver la république et de consolider les conquêtes de la révolution qui nous était chère. Les courriers de France, on le sait, nous avaient annoncé un désarroi général à l'intérieur et des revers à l'extérieur; nous pensâmes que Bonaparte réparerait les fautes commises; enfin, je dois l'ajouter, nous espérions tout particulièrement qu'il n'abandonnerait pas ses vieilles troupes d'Italie et d'Égypte, et qu'avant peu des renforts nous seraient envoyés de France (1).

(1) Le général Desaix, à la suite de la convention d'El-Arich, s'était embarqué à Alexandrie; il apprit à Aboukir, où l'escadre fut retenue quelques jours par des vents contraires, le 18 brumaire. Cet incident est ainsi relaté dans les Mémoires de Miot sur l'expédition d'Égypte :

« Nous aperçûmes un bâtiment, l'*Osiris*, courant sous ses voiles basses, et n'osant trop s'approcher du fort. Après une manœuvre qui indiquait son indécision, il mouilla loin de nous dans la rade. Nos pavillons flottaient à la poupe de nos djermes, et l'*Osiris*, rassuré, hissa le sien.

» Une chaloupe s'en détacha; elle était remplie de matelots qui venaient nous reconnaître. Nous attendions le canot avec impatience; enfin il aborde. Un matelot provençal saute à terre, et s'écrie dans son patois : Troudidion, Bonaparte il est le premier consul de France.

. . . .
. . . .

» Nous accablions les matelots de cent mille questions à la fois; tous nous répondaient avec vivacité : il a sauvé la France; il a fait la paix; battu les Autrichiens; il va vous envoyer des secours; il n'y a plus de Directoire; il y a un tribunat, un Sénat... Les réponses se ressentaient du désordre des demandes.

» Le premier canotier, interrogé avec plus de sang-froid par le général Dugua, lui répondit que l'*Osiris* avait à son bord le colonel Latour, chargé de dépêches pour le général en chef. Le général Dugua donna de suite l'ordre au canot de retourner à bord et d'amener cet officier. Le colonel Latour arriva bientôt avec des paquets et des journaux, il entra dans la tente du général Dugua; nous l'entourâmes dans le plus grand silence, et il nous expliqua à notre grand étonnement la révolution du 18 brumaire.

. . . .

» Le retour de Bonaparte en France ne nous surprit pas moins qu'il n'avait surpris l'Europe et contrarié les Anglais. Nous en recevions les premiers bienfaits, puisque, à peine à la ête du gouvernement, Bonaparte voulait rassurer l'armée d'Égypte et lui envoyer des renforts. En effet, le colonel Latour nous annonça qu'il se préparait une expédition maritime. »

Cette expédition annoncée n'aboutit qu'à un échec; Bonaparte ne renonça cependant pas à l'espérance chimérique de reprendre possession de l'Égypte. L'article 7 du décret de Tilsitt reconnut encore sept ans plus tard les droits platoniques de la France sur l'Égypte.

Quelques-uns, au contraire, plus clairvoyants, connaissaient mieux l'ambition de Bonaparte et prévoyaient déjà la chute de la République et la ruine des libertés conquises en 1789.

La journée du 18 brumaire faisait encore l'objet de toutes les conversations, lorsqu'un horrible événement se produisit au Caire. Le général Kléber fut assassiné.

J'étais déjà à cette époque rentré dans la ville, et je connus tout de suite les moindres détails de l'assassinat.

Kléber faisait réparer le palais du quartier général, très endommagé pendant l'insurrection du Caire; le 25 prairial (14 juin), après avoir passé une revue, il vint au palais, en compagnie de M. Protain, architecte, membre de la commission des arts, et se rendit déjeuner chez le général Damas, dont l'habitation était reliée au quartier général par une longue terrasse, dominant la place Esbekieh. Le repas fut très gai, Kléber se montra enjoué, spirituel, s'amusa de caricatures que les événements de brumaire avaient inspirées au général Damas, et, vers deux heures, se leva pour rentrer au quartier général, toujours accompagné de M. Protain. Tous deux suivaient tranquillement la terrasse, lorsqu'un jeune homme sortit tout à coup d'une citerne voisine, se jeta sur Kléber, et le frappa d'un coup de poignard dans l'aine gauche.

Le général s'appuya en chancelant sur le parapet de la terrasse et appela un factionnaire :

— A moi, guide, je suis blessé.

Et il tomba, baigné dans le sang qui coulait à flots de sa blessure.

M. Protain n'avait à la main qu'une canne; il en assena plusieurs coups sur la tête de l'assassin; mais celui-ci renversa l'architecte, le blessa grièvement et, après avoir de nouveau frappé de trois coups de poignard le corps de Kléber, il prit la fuite.

Pendant ce temps, le guide était entré dans le palais de l'état-major et donnait l'éveil; les convives du général Damas se précipitèrent aussitôt sur la terrasse et trouvèrent les deux blessés étendus au milieu d'une mare de sang. On les transporta dans la maison; à peine y fut-on arrivé que Kléber rendit le dernier soupir.

A la nouvelle de cet assassinat, la consternation et la colère furent immenses dans l'armée.

Les officiers généraux se rassemblèrent en conseil de guerre, la générale battait dans toutes les rues ; les soldats voulaient mettre le feu à la ville ; les habitants tremblaient, dans la crainte de représailles terribles.

La maison et le jardin du quartier général furent cernés par des Mameluks et des guides. Les recherches commencèrent, elles duraient depuis deux heures, lorsque deux guides découvrirent, caché sous un napal, près du mur du jardin, un jeune homme, effaré, en haillons, et l'amenèrent au général Damas.

M. Protain, revenu à lui, reconnut aussitôt l'assassin. Un des guides étant retourné à l'endroit où celui-ci s'était caché, y trouva un poignard ensanglanté.

Il devenait évident que le meurtrier n'était autre que ce jeune indigène. On lui fit subir un premier interrogatoire ; il déclara se nommer Souleyman-el-Alépi, âgé de vingt-quatre ans, écrivain de profession.

Comme il refusait d'avouer, on lui appliqua la bastonnade sur la plante des pieds suivant la loi du pays ; mais il persista dans ses dénégations. Alors le chef des Mameluks lui assura que, s'il voulait déclarer la vérité, on ne lui ferait aucun mal et qu'il serait même remis en liberté.

Il avoua aussitôt tous les détails du crime.

Souleyman, à la suite de deux pèlerinages à La Mecque, s'était fait remarquer à Alep où il était né par ses opinions exaltées et le rigorisme de ses principes religieux ; il rêvait d'imprimer un nouvel essor à l'islamisme et d'entreprendre une œuvres sainte. Il se trouvait à Jérusalem, lorsque Achmet, aga des janissaires et agent du grand vizir, lui proposa d'immoler le chef des infidèles oppresseurs de l'Égypte ; il accepta cette mission presque divine, obtint d'Achmet et des imans plusieurs lettres de recommandation pour quatre cheiks de la mosquée d'El-Hazar, et partit pour le Caire, où il arriva le 24 floréal.

Les cheiks reçurent avec épouvante la terrible confidence, mais gardèrent bien le secret. L'occasion ne se présenta pas immédiatement de frapper le général. Souleyman le suivit plusieurs fois, sans réussir à l'approcher ; enfin, le 25 prairial, il se mêla aux gens de la domesticité de Kléber, le vit sortir de la maison du général Damas, se cacha aussitôt dans une citerne et en sortit quelques instants après pour porter le coup fatal.

En prison, Souleyman se montra doux et naïf; il croyait que la promesse du chef des Mameluks serait tenue et qu'on allait le remettre en liberté.

Ce jeune homme n'était évidemment pas un criminel de profession, mais un fanatique que la religion avait poussé à cet horrible attentat.

Une commission militaire fut nommée par le général Menou, commandant l'armée par droit d'ancienneté, pour juger l'assassin et ses complices, les cheiks d'El-Hazar; ces trois derniers furent condamnés à avoir la tête tranchée. Souleyman, disait le jugement, aura le poing brûlé et sera empalé, puis abandonné vif sur le pal, jusqu'à ce que les oiseaux de proie aient dévoré son corps. L'exécution de ce jugement ne devait avoir lieu qu'après les obsèques du général.

Elles donnèrent lieu à une grande manifestation militaire; toute la garnison du Caire était sur pied; les salves d'artillerie de la citadelle et des forts annoncèrent le commencement et la fin de la cérémonie.

Le corps fut porté jusqu'au camp retranché, connu sous le nom de Ferme d'Ibrahim-Bey, et inhumé au pied d'un bouquet de cyprès, au centre d'un des bastions. Aussitôt après la cérémonie, l'armée se dirigea vers le monticule du fort de l'Institut, désigné pour le lieu de l'exécution.

Bientôt, l'assassin et ses complices arrivèrent; les

cheiks se lamentaient bruyamment; Souleyman restait calme; il leur reprochait même leur faiblesse en présence du supplice.

Les trois complices eurent la tête tranchée. L'exécution de Souleyman commença. On ne l'entendit pas se plaindre pendant que son poignet se consumait lentement sur un brasier ardent.

Cette cruelle opération terminée, le chef des Mameluks attachés à notre armée, qui avait demandé et obtenu sans peine le triste honneur d'être bourreau, coucha Souleyman à terre sur le ventre, et, tirant un couteau, fit au condamné une large incision dans le fondement, il enfonça le pal à grands coups de maillet, puis l'éleva en l'air et fixa l'instrument de supplice dans un trou pratiqué en terre.

Tous ceux qui assistèrent à cet affreux spectacle ne pouvaient dissimuler l'horreur qu'il leur inspirait, ni s'empêcher d'admirer le courage du fanatique, qui paraissait insensible à la douleur.

Il promenait ses regards sur les soldats, récitait des versets du Coran et prononçait la profession de foi des musulmans : la Illah-el-Allah ou Mouammed rasoul Allah (1).

Le supplicié, après plus d'une heure de souffrance, demandait à boire; son bourreau lui en refusa. Souleyman vécut ainsi plus de quatre heures; enfin, lorsque les soldats de garde se trouvèrent seuls, ils eurent pitié de son horrible agonie et lui don-

(1) Il n'y a d'autre Dieu que Dieu, et Mahomet est son prophète.

nèrent à boire ; le malheureux mourut à l'instant même.

Ainsi fut expié ce crime, dont les conséquences, ainsi qu'on va le voir, furent si funestes à l'armée française en Égypte.

X

L'ÉVACUATION

Le nouveau commandant en chef Menou. — L'escadre anglaise. — Prise d'Aboukir par les Anglais. — Bataille de Canope. — Dissentiments entre les généraux. — Le général Belliard au Caire. — Convention d'évacuation. — Embarquement à Aboukir.

Menou, le nouveau général en chef de l'armée par droit d'ancienneté, était un officier sans mérite; il avait été attaché à l'expédition par faveur et ne rendait en Égypte aucun service, ni à l'administration, ni à la science, ni à l'armée. Ses ambitions ne furent satisfaites ni par Bonaparte, ni par Kléber; aussi Menou jalousait-il les autres généraux. A Rosette, où il commanda pendant deux ans, ses habitudes d'intempérance firent de lui la risée de l'armée. Un jour, par un coup de tête, il annonça que sa résolution était prise d'accepter la loi du Prophète et de se faire musulman. Cette nouvelle provoqua parmi nous une véritable gaieté; les cheiks s'empressèrent de favoriser cette conversion; ils firent part au général des sacrifices que devait subir un bon musulman; Menou apprit ainsi que la circoncision était imposée aux disciples du Prophète; mais, comme il n'était nullement disposé à accepter cette condition qui menaçait de calmer beaucoup son zèle de néophyte, les cheiks réunis en conseil le dispensèrent de cette formalité désagréable. Quelques jours plus tard eut lieu l'abjuration solennelle. Menou prononça avec emphase la grande profession de foi de l'islamisme et prit le nom d'Abd-Allah, c'est-à-dire esclave de Dieu. Bien plus, il voulut accepter pour femme légitime la première musulmane qui lui serait désignée. Il épousa donc, sans la connaître, une femme, très mal considérée, pauvre et nullement jolie. Ces actes l'avaient rendu parfaitement ridicule aux yeux de l'armée et de tous les Français établis en Égypte.

Tel était le général qui succéda à Kléber. Toute l'armée aurait voulu confier au général Reynier, chef de la division à laquelle j'appartenais, le commandement suprême. Reynier était l'ami et le confident de Kléber; son habileté, sa bravoure, ses talents le mettaient hors de pair; il jouissait d'une grande autorité sur les soldats, les officiers et les généraux ses collègues; Menou n'en prit pas moins le commandement. Aussitôt, la division se mit dans les rangs de l'armée; Menou était publiquement plaisanté; il voulut alors faire acte d'autorité, il enleva leurs commandements aux généraux Lanusse et Damas, et voulut tout réformer. Après quelques mois de ce désordre, la discipline de l'armée fut menacée. Le général faisait lire aux soldats, chaque jour ou à peu près, un ordre contenant souvent des nouvelles absurdes et invraisemblables. Ces lectures furent plaisantées, et un jour Menou reçut un brevet sur parchemin, le nommant général en chef de la grande armée des Gobe-mouches.

Menou voulut révolutionner l'Égypte et introduire dans ce pays les mœurs européennes. C'était pure folie, car le peuple égyptien est si fidèle au passé qu'on reconnaît encore chez lui les mœurs et les coutumes des anciens patriarches. Les lois et les décrets sont impuissants contre d'aussi anciennes traditions, à la fois religieuses et nationales.

Les généraux Reynier, Damas, Lanusse et Verdier se réunirent alors chez le général Belliard, commandant de la place du Caire, et prirent la résolution d'adresser à Menou des observations respectueuses sur sa conduite.

Le général en chef intimidé écouta ses subordonnés et leur promit de tenir compte des conseils qu'ils lui avaient donnés (1).

Peu après, Menou reçut de Paris sa nomination régulière de général en chef, portant la signature de Bonaparte.

---

(1) Menou, il est facile d'en juger, ne fut pas aimé de l'armée. Les réformes que le nouveau général en chef voulut entreprendre ne doivent cependant pas être jugées avec autant de mépris. Menou s'efforça de relever la classe laborieuse des Fellahs, écrasée par l'aristocratie musulmane. Il créa un conseil privé, et abolit le Dieh ou rachat du sang. En vertu de cet usage, lorsque deux familles ou deux villages se sont déclarés la guerre, à la suite de l'assassinat d'un des leurs, le cadi compte les morts de chaque côté et, au lieu de punir les assassins, accorde aux parents des victimes ou aux habitants du village une certaine indemnité. Menou décida que le crime ne pourrait plus être racheté au moyen d'une somme d'argent.

Ces réformes ne furent jamais sérieusement appliquées.

Je me trouvais alors dans l'ambulance du Caire, souffrant d'une blessure légère reçue à Saint-Jean-d'Acre qui avait pris tout à coup un caractère sérieux de gravité, à la suite des dernières fatigues que j'avais endurées.

Déjà, on commençait à parler d'un retour offensif de l'ennemi et du débarquement prochain d'une armée turque et d'une armée anglaise. Mourad-Bey avait averti le général Menou des projets de l'ennemi, de sa force, et même du plan d'opérations.

Les Anglais rassemblèrent dans l'île de Rhodes des troupes nombreuses, pendant que le grand vizir se tenait prêt à quitter Gaza, à la tête d'une nouvelle armée, pour envahir l'Égypte.

Menou refusait de tenir compte des avertissements qui lui étaient prodigués; la sécurité paraissait complète, lorsque le 13 ventôse (4 mars 1801) un courrier, envoyé par le général Friant, annonça l'apparition de la flotte anglaise; Alexandrie était menacée.

Menou aurait dû imiter l'exemple précédemment donné par Bonaparte et Kléber, en semblable circonstance, rassembler toutes ses troupes pour les opposer à l'ennemi; mais il se contenta d'envoyer à Belbeïss la division Reynier et à Damiette le général Morand.

Quelques jours plus tard, un nouveau courrier annonçait le débarquement des troupes anglaises et la défaite du général Friant (1).

(1) L'escadre anglaise, commandée par l'amiral Keith, était composée ainsi qu'il suit :
Le *Foudroyant*, le *Tigre* et *l'Ajax*, chacun de 80 canons; le

Cette nouvelle décida enfin le général Menou à quitter le Caire et à marcher sur Alexandrie, à la tête des troupes qu'il put réunir; mais il mit une lenteur impardonnable, en pareil cas surtout, à exécuter ses résolutions. Les Anglais avaient déjà pris possession du fort d'Aboukir que le général s'attardait encore à Damahour.

Trois jours plus tard eut lieu la bataille de Canope; l'armée française dut battre en retraite.

Depuis le départ du général Menou, l'alarme était donnée au Caire. Ma demi-brigade formait alors la seule garnison de cette ville; encore notre effectif était-il réduit à sa plus simple expression. A peine pouvions-nous mettre sous les armes huit cents hommes. L'inquiétude était vive; nous attendions avec impatience des nouvelles du quartier général. Le 1er germinal, aucun courrier n'était encore arrivé. Dans ces circonstances graves, quelques loustics eurent cependant le courage de plaisanter la lenteur du général en chef. Nous supposions en effet que celui-ci avait perdu plusieurs jours encore avant

Kent, le Minotaure, le Northumberland, le Switssure, chacun de 74 canons; *la Pénélope, la Flore* et *la Florentine,* chacune de 36 canons; *l'Ulysse, la Sainte-Dorothée* et *la Pique,* de 44, 42 et 40 canons; enfin d'une corvette et de trois bricks armés en guerre.

L'armée navale ottomane comprenait six vaisseaux. Le nombre des troupes à bord était de 17,500 hommes, mais ce nombre fut porté par des convois successifs à 23,400 hommes.

Le capitan-pacha avait sous ses ordres 600 albanais et janissaires.

A ces troupes, le général Friant n'avait à opposer que dix-huit cents hommes environ; après un combat acharné et glorieux, il se retira en bon ordre sur Alexandrie.

d'attaquer. On représenta Menou, à cheval sur une tortue, marchant à la rencontre de l'ennemi ; il était suivi d'un nombre considérable de chameaux, portant sa femme, son fils, tout un attirail de cuisine. L'un de ces chameaux était chargé « d'ordres du jour » l'autre de » fausses nouvelles ».

Ces caricatures circulèrent librement, tant la discipline était alors relâchée.

Cependant, le 3 germinal, on commença à s'étonner sérieusement de ne recevoir aucune nouvelle ; enfin le bruit courut que la cavalerie ottomane était aux portes de Belbeïss et marchait sur le Caire.

La demi-brigade prit les armes ; nous allâmes camper entre Birket-el-Hadgy et la Coubbé.

Aussitôt la panique s'empara de la ville. Les habitants français se réfugièrent dans la citadelle. Toute la nuit et la journée du 4 furent employées en déménagements. Déjà, les résidents les plus timorés annonçaient qu'une vive agitation se manifestait dans le peuple, que des groupes menaçants stationnaient devant la mosquée d'El-Hazar.

Lorsque tous les Français se furent renfermés dans la citadelle, le calme reprit peu à peu possession des esprits et on s'aperçut que le danger n'avait rien d'imminent.

La prétendue cavalerie ottomane n'était autre qu'un corps de Mameluks soumis à la domination française ; quant à la population, elle pouvait se réjouir intérieurement de notre défaite ; mais, même en l'absence de toute force armée française, elle n'osa manifester publiquement ses sentiments hostiles. Elle n'avait pas encore oublié les conséquences de la dernière insurrection et ne songeait, en aucune façon, à prendre les armes contre nous.

Cependant, par mesure de précaution, tous les hôpitaux avaient été évacués.

La panique ne fut entièrement calmée que trois jours plus tard, lorsqu'une garnison française vint réoccuper la ville.

L'aspect du Caire était alors sinistre. La peste y faisait, depuis plusieurs mois, des ravages effrayants. Les indigènes assuraient qu'elle était aussi terrible que celle de 1791. Il mourait tout d'abord, en moyenne, cent habitants par jours et dix à douze Français; mais l'épidémie fit bien vite d'immenses progrès. Le 22 germinal, il mourut 900 habitants et 150 soldats français. Notre brigade perdit environ 500 hommes.

C'est alors que le médecin en chef de l'armée Desgenettes et ses aides se prodiguèrent avec un admirable dévouement. Ils réussirent à sauver à force de soins un grand nombre de soldats.

Pendant les plusieurs jours de panique, on vit beaucoup de malades succomber dans les rues. Ils étaient couverts de taches livides et charbonneuses.

Au milieu d'une foule épouvantée passaient de sinistres convois de mourants ou de morts.

Quelques hommes étaient attaqués subitement par la maladie; ils s'arrêtaient, incapables d'avancer, attendant la mort, torturés par d'épouvantables souffrances. Nous assistâmes plusieurs fois à des scènes horribles en quittant le Caire. La 9e demi-brigade, déjà si cruellement éprouvée et décimée, perdit encore plusieurs soldats, avant de prendre les positions de combat qui lui étaient assignées par le général Belliard, pour couvrir la ville.

Nous n'apprîmes que le 4 au soir la défaite de Canope. Dans ces circonstances critiques, le général Menou restait indécis et ne pensait pas encore à rappeler toutes les garnisons éloignées pour renforcer son armée.

Nous reçûmes l'ordre de nous diriger sur Ramanieh; mais, à cinq lieues de cette ville, un contre-ordre nous fit rebrousser chemin vers le Caire.

Ramanieh, où le général Lagrange était resté avec quelques centaines d'hommes, fut évacué le 19 floréal. Nous rentrâmes au Caire placés sous les ordres du général Belliard. C'est là que nous apprîmes les faits graves qui s'étaient passés à Alexandrie.

On sait déjà que l'armée n'avait aucune confiance dans le général Menou; après l'échec de Canope, les murmures éclatèrent. Un grand nombre d'officiers disaient hautement à Alexandrie que le général Reynier aurait dû prendre le commandement et que peut-être il était encore temps de le faire. Le général d'Estaing conseilla alors à Menou de se débarrasser d'officiers gênants, et il se chargea de l'exécution.

La maison du général Reynier fut investie pendant la nuit; un aide de camp pénétra dans la chambre du général, et, sans tenir compte de ses protestations, lui enjoignit de s'embarquer immédiatement sur le *Lody*. MM. Damas et Boyer furent également conduits à bord d'un aviso.

Lorsque cette nouvelle fut connue à Alexandrie, les officiers manifestèrent des regrets unanimes; mais il était trop tard, les navires étaient déjà sortis du port d'Alexandrie.

L'armée fut ainsi privée de trois de ses chefs les plus distingués et les plus estimés (1).

Le général Belliard qui nous commandait au Caire avait sous ses ordres quatre mille six cents hommes d'infanterie, neuf cents hommes de cavalerie et vingt-quatre pièces de canon; désespérant de recevoir aucun secours de Menou, il partit du Caire le 25 floréal (15 mai) pour attaquer l'armée ottomane. Le lendemain, 26, nous rencontrâmes près du village d'El-Zouameh un corps de neuf mille Turcs et cinq cents Anglais.

Nos troupes s'avançaient ainsi formées : l'infanterie aux ailes, la cavalerie au centre; l'ennemi, sans nous attendre, recula pour se joindre à un autre corps venant de Belbeïss; bientôt les Turcs, dont la supériorité était écrasante, menacèrent de nous tourner et d'occuper le Caire; le général Belliard nous fit alors rétrograder, pour défendre la ville.

---

(1) M. Damas, monté à bord du *Good union*, n'arriva pas en France, l'aviso sur lequel il était embarqué fut capturé à la hauteur de Candie.

Le *Lody* arriva à Nice le 9 thermidor (28 juin). Le général Reynier se rendit aussitôt à Paris pour demander au premier consul de réunir un conseil de guerre. Bonaparte refusa.

Plus tard, lorsque d'Estaing, venant d'Égypte, arriva à Paris, Reynier le provoqua, un duel eut lieu. D'Estaing fut tué. Quant à Menou, il resta prudemment à Toulon et ne vint à Paris que lorsque Bonaparte eut exilé le général Reynier à Nevers.

Le général Hutchinson, le grand vizir et six mille hommes de troupes anglaises, venant de l'Inde par Suez, marchaient sur la capitale de l'Égypte.

Jour et nuit, nos soldats travaillèrent à élever des retranchements autour de la ville et à relever les forts. Pendant tout le mois de prairial, l'armée du vizir qui nous observait n'osa tenter aucune attaque.

Mais l'armée anglaise et d'importants renforts ne tardèrent pas à arriver. Nous eûmes bientôt en face du Caire vingt-cinq mille Turcs et vingt mille Anglais. Pour leur résister sur un front immense, derrière des fortifications improvisées, nous étions à peine six mille, sans ressources, presque sans munitions, au milieu d'une population hostile.

Le général Belliard, se voyant complètement abandonné par Menou, certain que celui-ci ne ferait rien pour le tirer d'embarras, et comprenant que la résistance n'aboutirait qu'à l'anéantissement de son armée sans aucun profit, prit l'initiative de proposer de négocier au quartier général anglais.

L'ennemi redoutait beaucoup une défense désespérée de notre part; le général Belliard tira habilement parti de ces craintes; il déclara au général ennemi qu'il combattrait jusqu'au dernier homme, plutôt que de signer une capitulation honteuse, et proposa l'évacuation du Caire, à cette condition que les troupes françaises demeureraient libres et seraient rapatriées par la flotte anglaise.

La convention suivante fut signée le 8 messidor an IX (27 juin 1801) :

CONVENTION POUR L'ÉVACUATION DE L'ÉGYPTE

Par le corps de troupes de l'armée française et auxiliaires, aux ordres du général Belliard,

CONCLUE ENTRE

Les citoyens Douzelat, général de brigade ; Moraud, général de brigade ; Tareyre, chef de brigade ;
De la part du général de division Belliard ;
Et M. le général de brigade Hope, de la part de S. Exc. le général en chef de l'armée anglaise ;
Osman-Bey, de la part de S. A. Suprême le vizir ;
Et Isaac-Bey, de la part de S. A. le capitan-pacha.

Les commissaires ci-dessus nommés s'étant réunis dans un lieu de conférences entre les deux armées, après l'échange de leurs pouvoirs respectifs, sont convenus des articles suivants :

Art. 1er. Les corps de l'armée française de terre et de mer, les troupes auxiliaires, aux ordres du général de division Belliard, évacueront la ville du Caire, la citadelle, les forts Boulacq et Gizeh, et toute la partie de l'Égypte qu'ils occupent en ce moment.

Art. 2. Les corps de l'armée française et les troupes auxiliaires se retireront par terre à Rosette, en suivant la rive gauche du Nil, avec armes, bagages, artillerie de campagne, caissons et munitions, pour y être embarqués, et de là être transportés dans les ports français de la Méditerranée avec leurs armes, artillerie, caissons, munitions, bagages, effets, aux frais des puissances alliées. L'embarquement desdits corps de troupes françaises et auxiliaires devra se faire aussitôt qu'il sera possible de l'effectuer ; mais, au plus tard, dans cinquante jours à dater de la ratification de la présente convention. Il est d'ailleurs convenu que lesdits corps seront transportés dans lesdits ports du continent français, par la voie la plus prompte et la plus directe.

Art. 3. A dater de la signature et ratification de la présente convention, les hostilités cesseront de part et d'autre ; il sera remis aux armées alliées le fort Sulkowsky et la porte des Pyramides de la ville de Gizeh ; la ligne d'avant-postes des armées respectives sera déterminée par des commissaires nommés à cet effet, et il sera donné les ordres les plus précis pour qu'elle ne soit pas dépassée, afin d'éviter les rixes particulières ; et s'il en survenait, elles seraient terminées à l'amiable.

Art. 4. Douze jours après la ratification de la présente convention, la ville du Caire, la citadelle, la ville et les forts de Boulacq, seront évacués par les troupes françaises et auxiliaires, qui se retireront à Ibrahim-Bey, île de Raudah et dépendance, le fort Lequoi et Gizeh, d'où elles partiront le plus tôt possible et au plus tard dans cinq jours, pour se rendre au point de l'embarquement. Les généraux des armées anglaise et ottomane s'engagent en conséquence à faire fournir à leurs frais aux troupes françaises et auxiliaires les moyens de transport par eau, pour porter les bagages, vivres et effets au point de l'embarquement.

Tous ces moyens de transport seront mis le plus tôt possible à la disposition des troupes françaises à Gizeh.

Art. 5. Les journées de marche et de campement de l'armée française seront réglées par les généraux des armées respectives, ou par des officiers d'état-major nommés de part et d'autre ; mais il est clairement entendu que, suivant cet article, les journées de marche et de campement seront fixées par les généraux des armées combinées. En conséquence, lesdits corps de troupes françaises et auxiliaires seront accompagnés, dans leur marche, par des commissaires anglais et ottomans, chargés de faire fournir les vivres nécessaires pendant la route et les séjours.

Art. 6. Les bagages, munitions et autres objets voyageant par eau, seront escortés par des détachements français et par des chaloupes armées des puissances alliées.

Art. 7. Il sera fourni aux troupes françaises et auxiliaires et aux employés à leur suite les subsistances militaires, à compter de leur départ de Gizeh jusqu'au moment de l'embarquement, conformément aux règlements de l'armée française, et du jour de l'embarquement jusqu'au débarquement en France, conformément aux règlements maritimes de l'Angleterre.

Art. 8. Il sera fourni par les commandants des troupes britanniques et ottomanes, tant de terre que de mer, les bâtiments nécessaires, bons et commodes, pour le transport dans les ports de France, de la Méditerranée, des troupes françaises et auxiliaires, et de tous les Français et autres employés à la suite de l'armée. Tout, à cet égard, ainsi que pour les vivres, sera réglé par des commissaires que nommeront le général Belliard et les commandants en chef des armées alliées, tant de terre que de mer. Aussitôt la ratification de la prescription, ces commissaires se rendront à Rosette et à Aboukir, pour y faire préparer tout ce qui est nécessaire à l'embarquement.

Art. 9. Les puissances alliées fourniront quatre bâtiments en plus s'il est possible, préparés pour transporter des chevaux, les futailles pour l'eau, et les fourrages nécessaires à leur débarquement.

Art. 10. Il sera fourni au corps de l'armée française et auxiliaire par les puissances alliées une escorte de bâtiments de guerre suffisante pour garantir leur sûreté et assurer leur retour en France. Lorsque les troupes françaises seront embarquées, les puissances alliées promettent et s'engagent à ce que, jusqu'à leur arrivée sur le continent de la République française, elles ne seront nullement inquiétées; comme, de son côté, le général Belliard, et les corps de troupe sous ses ordres, promettent de ne commettre aucune hostilité pendant ledit temps, ni contre la flotte, ni contre le pays de Sa Majesté Britannique, ni de la Sublime Porte ou de leurs alliés. Les bâtiments qui transporteront et escorteront lesdits corps de troupes, ou autres français, ne s'arrêteront à aucune autre côte que celle de la France, à moins d'une nécessité absolue. Les commandants des troupes françaises, anglaises et ottomanes, prennent réciproquement les mêmes engagements que ci-dessus, pour le temps que les troupes françaises resteront sur le territoire de l'Égypte, depuis la ratification de la présente convention jusqu'au moment de leur embarquement ; le général de division Belliard, commandant les troupes françaises et auxiliaires, de la part de son gouvernement promet que les bâtiments d'escorte et de transport ne seront point retenus dans les ports de France après l'entier débarquement des troupes, et que les capitaines pourront s'y procurer à leurs frais, et de gré à gré, les vivres dont ils auront besoin pour leur retour. Le général Belliard s'engage en outre, de la part de son gouvernement, que lesdits bâtiments ne seront point inquiétés jusqu'à leur retour dans les ports des puissances alliées, pourvu qu'ils n'entreprennent et ne servent à aucune opération militaire.

Art. 11. Toutes les administrations, les membres de la commission des sciences et arts, et enfin tous les individus attachés au corps de l'armée française, jouiront des mêmes avantages que les militaires. Tous les membres desdites administrations et de la commission des sciences et arts emporteront en outre avec eux, non seulement tous les papiers qui regardent leur gestion, mais encore les papiers particuliers, ainsi que les autres objets qui les concernent.

Art. 12. Tout habitant de l'Égypte, de quelque nation qu'il soit, qui voudra suivre l'armée française, sera libre de le faire, sans qu'après son départ sa famille soit inquiétée, ni ses biens séquestrés.

Art. 13. Aucun habitant de l'Égypte, de quelque religion qu'il soit, ne pourra être inquiété ni dans sa personne, ni dans ses biens, pour les liaisons qu'il aurait eues avec les Français pendant leur occupation de l'Égypte, pourvu qu'ils se conforment aux lois du pays.

Art. 14. Les malades qui ne pourront pas supporter le transport seront admis dans un hôpital, où ils seront soignés par des officiers de santé et employés français jusqu'à parfaite guérison ; alors ils seront envoyés en France les uns et les autres, aux mêmes conditions que les corps de troupes. Les commmandants des armées alliées s'engagent à faire fournir, sur des demandes en règle, tous les objets qui seront nécessaires à cet hôpital, sauf les avances à être remboursées par le gouvernement français.

Art. 15. Au moment de la remise des villes et forts désignés dans la présente convention, il sera nommé des commissaires pour recevoir l'artillerie, les munitions, magasins, papiers, archives, plans et autres effets publics, que les Français laisseraient aux puissances alliées.

Art. 16. Il sera fourni, aussitôt que possible, par le commandant des troupes de mer des puissances alliées, un aviso pour conduire à Toulon un officier et un commissaire des guerres chargés de porter au gouvernement français la présente convention.

Art. 17. Toutes les difficultés ou contestations qui pourraient s'élever sur l'exécution de la présente convention, seront terminées à l'amiable par des commissaires nommés de part et d'autre.

Art. 18. Aussitôt la ratification de la présente convention, tous les prisonniers anglais ou ottomans qui se trouvent au Caire seront mis en liberté, de même que les commandants en chef des puissances alliées mettront en liberté les prisonniers français qui se trouvent dans leurs camps respectifs.

Art. 19. Un officier supérieur de l'armée anglaise, un officier supérieur de S. A. le capitan-pacha seront échangés contre des otages de pareils nombre et grade de troupes françaises, pour servir de garantie à l'exécution du présent traité. Aussitôt que le débarquement des troupes françaises sera effectué dans les ports de France, les otages seront réciproquement rendus.

Art. 20. La présente convention sera, par un officier français, portée et communiquée au général en chef Menou, à Alexandrie, et il sera libre de l'accepter pour les troupes françaises et auxiliaires de terre et de mer qui se trouvent avec lui dans cette place, pourvu que son acceptation soit notifiée au général commandant les troupes anglaises devant Alexandrie, dans dix jours à compter de celui où la communication lui en aura été faite.

Art. 21. La présente convention sera ratifiée par les commandants en chef des troupes et armées respectives, vingt-quatre heures après la signature.

Fait quadruple au camp des conférences entre les deux armées, le 8 messidor an IX (27 juin 1801) ou le 17 du mois de Safar.

La nouvelle de cette convention fut bien accueillie dans l'armée. La nostalgie tourmentait les plus énergiques ; nous avions tant souffert, nous avions presque désespéré de jamais revoir la patrie ; aussi se réjouissait-on de quitter l'Égypte. Les préparatifs de départ furent promptement menés ; enfin nous allions nous embarquer !

Mais avant d'évacuer le Caire, il fut résolu que nous n'abandonnerions pas dans cette ville la dépouille mortelle de Kléber. L'armée voulut ramener en France les précieux restes du général qu'elle avait le plus estimé. L'exhumation se fit solennellement, au bruit des détonations de toute l'artillerie des forts. Les Turcs et les Anglais rendirent également les honneurs militaires au corps de Kléber.

Nous quittâmes décidément le Caire, pour nous diriger sur Aboukir, port d'embarquement. Sur la route, dans les villages que nous traversions, un grand nombre de fellahs couraient à notre rencontre ; le passage de l'armée turque les avait ruinés, et ils venaient se plaindre à nous, en demandant aux officiers de faire justice. On leur annonça notre départ et ils manifestèrent vivement leurs craintes, en apprenant qu'ils allaient retomber sous la domination turque. Beaucoup d'entre eux se persuadaient que nous reviendrions bientôt. Cette classe de fellahs, soumise à l'oppression depuis des siècles, est douce et bonne ; ils espéraient être délivrés par nous de l'aristocratie qui a toujours pesé sur eux et se montraient très sensibles aux égards et à la justice d'un certain nombre d'officiers.

Les noms de Kléber, Desaix, Reynier, sont restés certainement populaires en Égypte, de longues années encore après l'évacuation.

Le 20 thermidor an IX, nous arrivâmes à Aboukir et le 21 (8 août 1801) nous fûmes embarqués sur des vaisseaux anglais qui firent voile le soir même. La traversée s'effectua dans de bonnes conditions; d'ailleurs la seule pensée de notre retour en France atténuait les souffrances du mal de mer (1).

Lorsque nous fûmes en vue des côtes de France, la joie des soldats ne se contint plus; des chants patriotiques retentirent sur le pont, où des jeux avaient été organisés. Nous rentrions enfin dans la patrie, après en avoir été si longtemps éloignés et avoir si cruellement souffert. Tout cela était oublié; mais, en cet instant si impatiemment attendu, quelques-uns rappelèrent les camarades tombés sur le champ de bataille ou morts dans les hôpitaux de Jaffa et du Caire; ceux qui manquaient à l'appel étaient plus nombreux que les présents. Le bataillon auquel j'appartenais avait perdu les deux tiers de son effectif. Après son débarquement à Toulon, la 9ᵉ demi-brigade fut dirigée sur l'Italie, où nous allâmes tenir garnison jusqu'en 1805.

(1) La première division de transports partit d'Aboukir le 13 thermidor (1ᵉʳ août); la seconde, le 18 (6 août); la troisième et dernière le 22 (10 août). Le nombre des individus embarqués, y compris tout ce qui avait été ramassé dans le Delta, du côté de Damiette, et les chrétiens, cophtes et grecs, qui craignaient de rester en Egypte, s'élevait à 12 mille hommes environ.

XI

FIN DE LA CAMPAGNE

Reddition d'Alexandrie.

Le général Menou, après la bataille de Canope, s'était retiré à Alexandrie, où il attendait toujours les renforts qui lui étaient annoncés de France.

Les officiers du génie et de l'artillerie, sans compter sur des ordres que le général n'aurait jamais donnés, s'empressèrent de mettre Alexandrie à l'abri d'un coup de main. Des lignes, des redoutes et des forts furent construits depuis le Pharillon jusqu'à l'extrémité du lac Mahaddieh; une muraille d'enceinte fut promptement élevée.

Sur ces entrefaites, le général Menou apprit la capitulation du Caire; il manifesta la plus vive irritation et fit partir un bâtiment pour dénoncer au premier consul le général Belliard.

Après l'embarquement des troupes qui avaient capitulé au Caire, l'armée anglaise commença sérieusement le siège d'Alexandrie.

Le général Menou espérait toujours recevoir de France les renforts que lui avait annoncés le premier consul. Un corps de troupes avait en effet été rassemblé à Brest, où se trouvait l'escadre placée sous les ordres du contre-amiral Ganteaume en lequel Bonaparte avait une confiance extrême, depuis qu'il avait protégé et mené à bien son retour en France.

Deux mille hommes environ, parmi lesquels un certain nombre d'officiers nègres qui croyaient aller défendre à Saint-Domingue la cause de Toussaint-Louverture, furent embarqués à Brest. Ganteaume quitta la rade de cette ville, passa le détroit de Gibraltar; mais, menacé par les flottes ennemies supérieures en nombre, il dut se réfugier à Toulon. Bonaparte lui expédia courrier sur courrier pour presser son départ, l'amiral dut se résigner à quitter cette ville avec son escadre et à cingler vers les côtes d'Afrique, pour accomplir sa difficile mission. Longtemps les vents contraires s'opposèrent à la marche des vaisseaux français, enfin le 29 ventôse, l'escadre, en vue des côtes de Sardaigne, réussit à échapper à l'amiral anglais Waren, qui la poursuivit sans parvenir à la joindre.

Le 4 messidor (23 juin), Ganteaume arriva à la hauteur de Derneh, à cent lieues environ à l'ouest d'Alexandrie; mais déjà les événements avaient décidé du sort de l'Égypte.

Dans la nuit du 7 fructidor (25 août 1801), un corps de cavalerie et d'infanterie surprit nos avant-postes et fit de nombreux prisonniers. Les soldats de

16.

Menou savaient bien qu'ils ne devaient plus attendre aucun secours de France et que l'Égypte était perdue pour nous; ils enviaient le sort de leurs camarades rentrés en France, et n'avaient aucune confiance dans leur général en chef.

Le général Rampon, considérant que cette situation ne pouvait aboutir qu'au massacre inutile de braves soldats qui pourraient rendre encore de grands services à la République, se rendit auprès de Menou et lui exposa qu'il était temps de conclure une capitulation honorable.

Le général en chef s'emporta d'abord violemment, puis finit par se rendre aux arguments que lui donnèrent les autres généraux.

Un conseil de guerre fut réuni; les généraux Rampon, Friant, Songis, d'Estaing, Zayouchek, Fugières, Samson, Faultrier, Boussard, Delgorgue, Lefèvre, Delzons, Darmagnac et Eppler; le commissaire ordonnateur en chef Sartelou, le préfet maritime Leroy et le commandant du port Richer, y assistaient. On reconnut qu'il était urgent de traiter avec l'armée assiégeante. Par quatorze voix contre trois, le conseil se prononça en faveur des propositions de capitulation suivantes :

1º Un armistice et une suspension d'armes jusqu'au 30 fructidor, jour où la place serait remise aux Anglais, si elle n'était secourue;

2º Autorisation d'emmener en France l'artillerie de siège et de campagne (1);

(1) Les bâtiments qui se trouvaient dans le port d'Alexandrie à l'époque de la capitulation furent partagés entre les Anglais

3° Le droit aux membres de la commission des sciences et des arts d'emporter les documents et les objets qu'ils avaient recueillis.

Ces propositions furent transmises au général anglais par MM. Albert, aide de camp de Menou, et Lhuillier, chef de la 61ᵉ demi-brigade ; elles furent immédiatement acceptées.

Les troupes françaises abandonnèrent leurs positions hors de la ville ; les conditions d'évacuation furent les mêmes que celles accordées à la garnison du Caire.

Les embarquements étaient presque tous terminés dans les premiers jours de vendémiaire an X (fin de septembre 1801).

Le général Menou quitta le dernier Alexandrie, le 22 vendémiaire. Un grand nombre de malades restés au Caire furent rapatriés plus tard.

Le chef des Mameluks, Mourad-Bey, resté fidèle à la France, était mort le 2 floréal de cette même année (22 avril 1801), enlevé en trois jours par la peste (1) ; les Mameluks reconnurent pour leur chef Osman-Bey-Tambourgi.

---

et les Turcs. Les Anglais eurent pour leur part une superbe frégate, *l'Egyptienne* et les Turcs, *la Justice*, le seul bâtiment de l'escadre de Brueys resté jusqu'alors entre des mains françaises.

(1) Le général Reynier, dans son *Histoire de la campagne d'Egypte*, a tracé de Mourad le portrait suivant :

« Il possédait éminemment les vertus et les défauts qui tiennent au degré de civilisation où les Mameluks sont parvenus. Livré à toute l'impétuosité de ses passions, son premier moment était terrible, le second l'entraînait souvent dans un excès contraire. Doué, par la nature, de cet ascendant qui appelle certains hommes à dominer les autres, il avait l'instinct du gouverne-

Considérant la cause française comme perdue, celui-ci avertit l'autorité militaire que la force des circonstances ordonnait aux Mameluks et à leur chef de se réconcilier avec le grand vizir ; il prit d'ailleurs l'engagement de ne commettre aucune hostilité contre les troupes de la République française ; cette parole fut loyalement tenue.

L'Égypte rentra sous la domination de la Porte. Quant aux Anglais, ils ne se résignèrent que difficilement et avec esprit de retour à quitter Gizeh et Alexandrie.

---

ment sans en connaître les ressorts. Également prodigue et rapace, il donnait tout à ses amis et pressurait ensuite le peuple pour subvenir à ses propres besoins. Joignez à ces traits généraux une force de corps extraordinaire, une bravoure à toute épreuve et une constance dans le malheur qui, au milieu des crises fréquentes de sa vie agitée, ne l'a jamais abandonné. »

NOTES ET DOCUMENTS

COMPOSITION DE L'ARMÉE D'ORIENT

Forces de mer.

Brueys, vice-amiral, commandant l'escadre.
Villeneuve. . . . . . .⎫
Blanquet-Duchayla. . .⎬ Contre-amiraux.
Decrest. . . . .⎭
Ganteaume, chef de l'état-major.
Dumanoir Le Peley, chef de division, commandant le convoi.
Joubert, commissaire ordonnateur en chef.

Vaisseaux armés.

	canons.	capitaine.
L'Orient	de 120	Casa-Bianca.
Le Guillaume-Tell. .	de 80 *id.*	Saunier.
Le Tonnant. . . .	de 80 *id.*	Du Petit-Thouars.
Le Franklin. . . .	de 74 *id.*	Gillet.
L'Aquilon.	de 74 *id.*	Thévenard, fils.

		canons	capitaines
Le Généreux	. . . de 74	*id.*	Lejoste.
Le Mercure	. . . de 74	*id.*	Laloude.
L'Heureux	. . . de 74	*id.*	Etienne, cadet.
Le Guerrier	. . . de 74	*id.*	Trulet, aîné.
Le Timoléon	. . . de 74	*id.*	Trulet, cadet.
Le Peuple Souverain.	de 74	*id.*	Racors.
Le Conquérant	. . . de 74	*id.*	Dalbarade.
Le Spartiate	. . . de 74	*id.*	Emérillon.

Frégates armées.

		canons	capitaines
La Diane	. . . . de 40	*id.*	Peyret.
La Justice	. . . . de 40	*id.*	Villeneuve.
La Junon	. . . . de 40	*id.*	Pourquier.
L'Arthémise	. . . de 40	*id.*	Stanley.
L'Alceste	. . . . de 40	*id.*	Barré.
La Fortune	. . . de 36	*id.*	Marchand.
La Sérieuse	. . . de 36	*id.*	
La Courageuse	. . de 36	*id.*	Eydoux.

Frégates non armées.

La Sensible	. . . .	capitaine	Rouden.
Le Muiron	. . . .	*id.*	Maillet.
La Carrère	. . . .	*id.*	Fichet.
La Léoben	. . . .	*id.*	Colette.
La Mantoue	. . .	*id.*	Goïens.
La Montenotte	. . .	*id.*	Tempier.

Bricks armés.

Le Corcyre, de 14 canons, capitaine Renauld.
Le Lody, de 12 canons, capitaine Senequier.

Il faut ajouter à cette escadre deux vaisseaux non

armés : l'un servant d'hôpital ; l'autre conduisant l'immense convoi de 400 transports.

Les équipages de l'escadre se composaient d'environ 10,000 hommes.

Forces de terre.

Bonaparte, général en chef.
Alexandre Berthier, chef d'état-major ;
Dommartin, général commandant l'artillerie ;
Cafarelli du Falga, général commandant le génie ;
Dugua, général de division, disponible ;
Dumay, général de division, disponible ;
Dumas, général de brigade, disponible ;
Dupuy, général de brigade, disponible ;
Marmont, général de brigade, disponible.

Troupes attachées au grand quartier général.

Guides à cheval	120 hommes
Guides à pied	120 —
Artillerie à pied	800 —
Sapeurs	800 —
Mineurs ouvriers	600 —
Total	2.920 hommes

Division d'avant-garde.

Général Desaix ;
Généraux de brigade : Belliard, Friant.

21ᵉ légère	2.100 hommes
61ᵉ de ligne	1.800 —
81ᵉ de ligne	1,900 —
Total	5.800 —

Division de droite.

Général Reynier.
Généraux de brigade : Damas, Reynier.

9ᵉ demi-brigade	1.900	hommes
85ᵉ demi-brigade	2.100	—
Légion maltaise.	1.500	—
Total. . .	5.500	hommes

Division du centre.

Général Kléber.
Généraux de brigade : Lannes, Lanusse.

2ᵉ légère	1.700	hommes
25ᵉ demi-brigade	2.000	—
75ᵉ demi-brigade	2.100	—
Total. . .	5.800	hommes

Division de gauche.

Général Menou.
Généraux de brigade : Vial, Mireur.

22ᵉ légère.	2.000	hommes
13ᵉ demi-brigade	2.000	—
69ᵉ demi-brigade	1.000	—
Total. .	5.800	hommes

Réserve.

Général de division : Bon.
Généraux de brigade : Rampon, Murat.

4ᵉ légère	1.400	hommes
18ᵉ demi-brigade	2.100	—
32ᵉ demi-brigade	2.100	—
Total. . .	5.500	hommes

Cavalerie (démontée).

Général de division : Dumas.
Généraux de brigade : Leclerc, Zayonscheck.

7e hussards	500 hommes
22e chasseurs	450 —
3e dragons	300 —
14e dragons.	400 —
15e dragons.	300 —
18e dragons.	400 —
20e dragons.	350 —
Total :	2.700 hommes

L'armée se composait donc de 34,220 hommes, parmi lesquels on comptait, y compris les guides, 2,820 cavaliers, presque tous démontés; 300 chevaux seulement destinés au service du quartier général et à l'attelage de quelques pièces d'artillerie avaient été embarqués. Les cavaliers furent montés plus tard en chevaux arabes.

Administration.

Commissaire ordonnateur en chef .	Sucy.
Payeur général	Estève.
Médecin en chef.	Desgenettes.
Chirurgien en chef	Larrey.
Pharmacien en chef.	Boudet.

La force entière de l'armée de terre était d'environ 36,000 hommes.

COMMISSION DES SCIENCES ET ARTS

Géométrie.

Fourrier.   Costaz.   Corancez.   Say.

Astronomie.

Noüet. Quesnot. Méchain, fils.

Mécanique.

Monge.
Hassenfratz, jeune
Cirot.
Cassard.

Adnez, père
Conté.
Dubois.
Couvreur.

Lenoir, fils.
Adnez, fils.
Cécile.

Horlogerie.

Lemaître.

Chimie.

Berthollet.
Pottier.
Champy, fils.

Samuel-Bernard.
Descotils.

Champy, père.
Regnaud.

Minéralogie.

Dolomieu. Cordier. Rozières. Victor-Dupuy.

Botanique

Nectoux. Delille. Coquebert.

Zoologie.

Geoffroy. Savigny. Redouté.

Chirurgie.

Dubois. Labate. Lacipière.

Pharmacie.

Boudet. Rouyer.

Antiquités.

Pourlier.   Ripault.

Architectes.

Norry.   Balzac.   Protain.   Hyacinthe Lepère.

Dessinateurs.

Dutertre.   Denon.   Rigo.   Joly.

Ingénieurs des Ponts et Chaussées

Lepère, aîné, ingén. en chef.   Girard, *idem*.
Bodart.   Saint-Génis.   Favier.
Faye.   Lancret.   Thévenot
Martin.   Fèvre.   Chabrol.
Duval.   Devilliers.   Raffeneau.
Gratien Lepère.   Jollois.   Arnollet.

Ingénieurs-géographes.

Jacotin, ingénieur en chef.
Laffeuillade.   Bourgeois.   Dulion.   Laroche.
Greslis.   Leduc.   Faurie.   Jamard.
Bertre.   Boucher.   Levêque.   Corabœuf.
Lecence.   Pottier.   Chaumont.

Sculpteur.

Casteix.

Graveurs.

Fouquet.

Littérateurs.

Perceval de Grandmaison.   Lagrange.

Musiciens.

Viloteau.   Riger.

Élèves de l'École polytechnique.

Viard.   Alibert.   Caristie.   Duchanoy.

Interprètes.

Venture.   Joubert,   Belletête.   Mengallon.   Raige.
Laporte.

Imprimeurs.

Marcel.   Puntis.   Gallant.

LES RAPPORTS DU CONSUL DE FRANCE

Le consul de France au Caire, M. Mengallon, avait le premier, dans de remarquables rapports, suggéré au ministre des affaires étrangères français l'idée de la conquête de l'Égypte. Le gouvernement s'était vivement intéressé à cette question, sans d'ailleurs supposer qu'il fallût tenter de la résoudre immédiatement. Les lettres et rapports du consul français sont datés de l'an III et de l'an IV (1795-1796); ils concluent tous à une expédition contre les Mameluks. Pour tirer réparation des injures et des exactions des beys égyptiens, le gouvernement songea un instant à faire intervenir la Porte, puis ajourna toute décision et manda Mengallon à Paris pour obtenir les éclaircissements nécessaires. Le ministre des affaires étrangères, Charles Delacroix écrivit alors à notre consul la lettre suivante :

Paris, le 29 thermidor an IV.

« J'ai différé de répondre à vos lettres, parce que je me suis toujours flatté que le concours des événements pourrait faire naître des circonstances favorables pour punir Mourad et Ibrahim beys, soit par nous-mêmes, soit par la Porte, toute faible qu'elle est en Égypte. Les circonstances n'ont point encore changé; et il faut remettre à d'autres temps tout projet sur l'Égypte : je n'y renonce pas, car cette contrée fixe mon attention d'une manière toute particulière. Je sens le degré d'utilité dont elle peut être pour la république. Je ne m'expliquerai pas à cet égard d'une manière plus positive; il doit suffire de savoir que mes vues reposent sur les bases contenues dans vos Mémoires, et votre lettre du 26 prairial an III, au citoyen Verninac, dans laquelle je n'ai trouvé que des idées sages et grandes. Je conférerai avec vous sur tous ces objets, lorsque vous serez en France, car je ne doute pas qu'après avoir donné vos soins à vos affaires domestiques à Marseille, vous ne vous fassiez un plaisir de vous rendre à Paris, pour y donner au gouvernement tous les éclaircissements qui pourront lui être utiles pour nos affaires en Égypte. Sous ce rapport, le congé d'une année que vous m'avez demandé, et que je m'empresse de vous accorder, ne sera pas inutile au service de la République. »

» *Signé* : CH. DELACROIX. »

Il est assez curieux de remarquer que, 80 ans plus tard, les préliminaires de l'expédition de Tunisie furent à peu près les mêmes. Ce sont les plaintes et les rapports de M. Roustan qui ont appelé, de 1878 à 1881, l'attention du gouvernement sur la Régence et ont déterminé l'intervention ; de même que les lettres réitérées et obstinées de Mengallon inspirèrent au Directoire et à Bonaparte la pensée d'une expédition en Égypte.

Bonaparte au Pacha du Caire.

Bonaparte, dès que l'escadre fut en vue d'Alexandrie, adressa la lettre suivante au pacha du Caire, représentant du sultan en Égypte :

A bord de *l'Orient*, 12 messidor an VI.

« Le Directoire exécutif de la République française s'est adressé plusieurs fois à la Sublime Porte, pour demander le châtiment des beys d'Égypte, qui accablaient d'avanies les commerçants français.

» Mais la Sublime Porte a déclaré que les beys, gens capricieux et avides, n'écoutaient pas les principes de la justice, et que non seulement elle n'autorisait pas les outrages qu'ils faisaient à ses bons et anciens amis les Français, mais que même elle leur ôtait sa protection.

» La République française s'est décidée à envoyer une puissante armée pour mettre fin aux brigandages des beys d'Égypte, ainsi qu'elle a été obligée de le faire plusieurs fois dans ce siècle contre les beys de Tunis et d'Alger.

» Toi, qui devrais être le maître des beys, et que cependant ils tiennent au Caire, sans autorité et sans pouvoir, tu dois voir mon arrivée avec plaisir.

» Tu es sans doute déjà instruit que je ne viens point pour rien faire contre l'Alcoran, ni contre le sultan ; tu sais que la nation française est la seule et unique alliée que le sultan ait en Europe.

» Viens donc à ma rencontre, et maudis avec moi la race impie des beys. »

COMBAT NAVAL D'ABOUKIR

L'escadre anglaise, commandée par l'amiral Nelson, n'avait pas réussi à joindre l'escadre de Brueys et à empêcher le débarquement en Égypte des troupes de Bonaparte. Le tableau comparé de la marche des deux escadres a été ainsi dressé par Miot, dans ses *Mémoires sur les expéditions d'Égypte et de Syrie* :

ESCADRE ANGLAISE Commandée par Nelson.	ESCADRE FRANÇAISE Commandée par Brueys.
L'amiral Saint-Vincent bloquait le port de Cadix avec 25 vaisseaux de ligne, environ, et ne supposait aux Français,	Le 31 floréal (19 mai), l'escadre met à la voile.

ESCADRE ANGLAISE	ESCADRE FRANÇAISE
d'autre projet que de le forcer à s'éloigner de la côte pour exécuter leur réunion avec les Espagnols. Il ne détacha que le 20 floréal (9 mai) l'amiral Nelson, avec trois vaisseaux et quelques frégates, pour reconnaître Toulon. Nelson était presque en vue de la côte le 28 floréal (17 mai), lorsque un coup de vent l'obligea d'aller relâcher en Sardaigne.	
Nelson remit en mer le 7 prairial (26 mai), et établit sa croisière dans les parages de l'île, en ralliant les vaisseaux qui devaient composer son escadre.	Dans les premiers jours de prairial, l'escadre doubla l'île de Corse, et le 8 (27 mai) se trouva à dix lieues par le travers de Bonifacio, entre ce goulet et la côte d'Italie. On voit d'ici que les deux escadres n'étaient séparées que par la Sardaigne.
Le 23 prairial (11 juin) Nelson parut devant Toulon avec 16 bâtiments de	Le 23 prairial (11 juin), l'île de Malte était prise, et le 25 (13 juin), l'esca-

ESCADRE ANGLAISE	ESCADRE FRANÇAISE
guerre, espérant nous y trouver encore.	dre entrait dans le port de la Valette.
Nelson, désabusé, fit voile pour la mer de Toscane et alla mouiller au port de Messine, où, le 1ᵉʳ messidor (19 juin), il apprit l'occupation de Malte. Il ne resta que trois jours à Messine, et remit en mer le 3 messidor (21 juin), se dirigeant vers la côte d'Égypte.	Le 1ᵉʳ messidor (19 juin) l'escadre quitta l'île de Malte et le 7 (25 juin), elle était en vue de Candie. Il y eut deux branle-bas sur nos vaisseaux pendant la traversée, probablement à la vue de quelques bâtiments arriérés des Anglais.
Nelson, libre dans ses mouvements, dut facilement dépasser une escadre obligée d'accompagner un convoi aussi considérable que le nôtre.	
L'escadre ennemie rangea la côte d'Afrique.	L'escadre française s'éleva dans le nord. C'est ce qui fait que les deux flottes ne se rencontrèrent point, quoiqu'elles passassent à une assez courte distance l'une de l'autre.
Forçant de voiles, elle arriva le 10 (28 juin) en vue d'Alexandrie.	
Nelson n'ayant appris	Le 13 messidor (1ᵉʳ juil-

ESCADRE ANGLAISE	ESCADRE FRANÇAISE
aucune nouvelle de l'expédition se borna à répandre l'alarme en Égypte, et inspira, par la présence de ses forces et la promesse de prompts secours, assez de confiance pour déterminer les habitants d'Alexandrie à se défendre.	let), l'armée française parut devant Alexandrie, par conséquent trois jours après Nelson.
En quittant cette ville, Nelson se dirigea, dit-on, d'abord vers le golfe d'Alexandrette, mais le 21 messidor (9 juillet), se trouvant à la hauteur de la pointe orientale de l'île de Candie, manquant d'eau et de vivres, il fit voile pour la Sicile, afin de s'y ravitailler avec la plus grande célérité, après avoir laissé quelques bâtiments pour observer les côtes d'Afrique.	Le 17 messidor (5 juillet), l'escadre mouilla en rade d'Aboukir.
Arrivé le 1ᵉʳ thermidor (19 juillet), il repartit le 6 (21 juillet) pour revenir en Égypte.	

Le 14 thermidor seulement (1ᵉʳ août), Nelson arriva devant Aboukir. Le premier vaisseau de tête des Anglais, dont l'équipage était composé d'hommes d'élite, engagea le combat. Les manœuvres habiles de l'escadre britannique mirent entre deux feux au début même de l'action, les vaisseaux mal embossés de l'amiral Brueys.

Après une lutte acharnée, l'escadre française fut complètement détruite. Brueys tomba mortellement blessé sur son banc de quart. L'*Orient*, ce magnifique vaisseau que toute l'armée avait admiré au départ de Toulon, résista encore tout en flammes à plusieurs vaisseaux anglais. Les canonniers n'avaient pas abandonné les batteries intérieures et tiraient sans relâche. Enfin le feu atteignit ce dernier refuge; tous ces braves périrent. A ce moment les navires anglais s'éloignèrent; l'incendie gagnait la *sainte-barbe*. Une détonation effroyable se fit entendre et les débris du vaisseau amiral sautèrent à plus de cent mètres en l'air.

« La clarté, dit un témoin oculaire, dura assez longtemps pour qu'on pût distinguer parfaitement les corps qui retombaient de la hauteur à laquelle ils avaient été lancés. Un calme lugubre, l'obscurité la plus profonde succédèrent un instant à ce spectacle épouvantable qui glaça d'effroi tous les cœurs. »

Les vaisseaux dont les Anglais s'emparèrent n'avaient plus de combattants, ils étaient jonchés de morts et de blessés.

La défaite d'Aboukir rendit l'Angleterre maîtresse des voies de communication entre l'Égypte et la

France, isola l'armée et rendit sa perte inévitable, dans un délai plus ou moins éloigné.

Bonaparte annonça le désastre d'Aboukir au Directoire dans la lettre suivante, datée du 2 fructidor (20 août) :

« Le 18 messidor, j'écrivis à l'amiral Brueys d'entrer toutes les 24 heures dans le port d'Alexandrie, et si son escadre ne pouvait pas y entrer, de décharger promptement toute l'artillerie et tous les effets de l'armée et de se rendre à Corfou.

» L'amiral ne crut pas pouvoir achever le débarquement dans la position où il était...... il alla mouiller à Aboukir, qui offrait un bon mouillage.....

» Je suis parti d'Alexandrie dans la ferme croyance que, sous trois jours, l'escadre serait entrée dans le port d'Alexandrie, ou aurait appareillé pour Corfou. Depuis le 18 messidor jusqu'au 6 thermidor, je n'ai reçu aucune nouvelle ni de Rosette, ni d'Alexandrie ni de l'escadre. Une nuée d'Arabes, accourus de tous les points du désert, était constamment à 500 toises du camp..... Je reçus plusieurs lettres de l'amiral, où je vis avec étonnement qu'il se trouvait encore à Aboukir. Je lui écrivis sur-le-champ pour lui faire sentir qu'il ne devait pas perdre une heure à entrer à Alexandrie ou à se rendre à Corfou.

» L'amiral m'instruisit, par une lettre du 2 thermidor, que plusieurs vaisseaux anglais étaient venus le reconnaître et qu'il se fortifiait pour attendre l'ennemi, embossé à Aboukir.

» Cette étrange résolution me remplit des plus

vives alarmes ; mais déjà il n'était plus temps, car la lettre de l'amiral ne m'arriva que le 12 (30 juillet). Je lui expédiai mon aide de camp Julien, avec ordre de ne pas partir d'Aboukir qu'il n'eût vu l'escadre à la voile. Parti le 12, il n'aurait jamais pu arriver à temps : cet aide-de-camp a été tué en chemin par un parti arabe qui a arrêté sa barque sur le Nil, et l'a égorgé avec son escorte.

» Le 8 thermidor (26 juillet), l'amiral m'écrivit que les Anglais s'étaient éloignés ; ce qu'il attribuait au défaut de vivres. Le 11, il m'écrivait qu'il venait enfin d'apprendre la victoire des Pyramides......, et que l'on avait trouvé une passe pour entrer dans le port d'Alexandrie ; je reçus cette lettre le 18 (5 août).

» Le 14, au soir, les Anglais l'attaquèrent ; il m'expédia, au moment où il aperçut l'escadre anglaise, un officier pour me faire part de ses dispositions et de ses projets : cet officier a péri en route.

» Il me paraît que l'amiral Brueys n'a pas voulu se rendre à Corfou, avant qu'il eût été certain de ne pouvoir entrer dans le port d'Alexandrie, et que l'armée, dont il n'avait pas de nouvelles depuis longtemps, fût dans une position à n'avoir pas besoin de retraite. Si dans ces funestes événements il a fait des fautes, il les a expiées par une mort glorieuse.

» Les destins ont voulu dans cette circonstance, comme dans tant d'autres, prouver que, s'ils nous accordent une grande prépondérance sur le continent, *ils ont donné l'empire des mers à nos rivaux*. Mais ce revers ne peut être attribué à l'inconstance de notre fortune ; elle ne nous abandonne pas encore : loin de là, elle nous a servis dans cette opération au delà de ce qu'elle a jamais fait..... Je me souviens qu'à l'instant où les préparatifs de débarquement se faisaient devant Alexandrie, on signala dans l'éloignement, au vent, une voile de guerre : c'était *la Justice!* Je m'écriai : Fortune ! m'abandonneras-tu? quoi ! seulement cinq jours! Dans ces cinq jours, l'escadre devait se trouver à l'abri des forces des Anglais, quel que fût leur nombre... Ce n'est que lorsque la fortune voit que toutes ses faveurs sont inutiles, qu'elle abandonne notre flotte à son destin. »

BONAPARTE A SUEZ

La commission scientifique étudiait la question d'un canal de jonction de la mer Rouge à la Méditerranée ; mais il fallait pour occuper Suez et examiner le terrain entreprendre une expédition difficile et traverser un désert de trente lieues, habité par des tribus arabes.

Le 14 frimaire an VII, la 32e demi-brigade et les généraux Bonet et Eugène de Beauharnais partirent pour occuper Suez.

Bonaparte, accompagné de MM. Monge, Berthollet, etc..., les rejoignit le 5 nivôse.

« Bonaparte, dit un des savants attachés à l'expédition (1), alla, le 8, visiter les sources de Moïse, situées de l'autre côté de la mer Rouge, à trois lieues de Suez. A son retour dans cette ville, il courut un très grand danger et se vit sur le point de renouveler le miracle du passage de cette mer, par le Pharaon qui, poursuivant les Israélites, fut englouti avec toute son armée. La caravane l'avait passée à pied sec, comme les Israélites ; mais au retour, le flux remontait, et comme la côte est extrêmement basse dans le fond du golfe, le flot allait gagner le général en chef, lorsqu'un guide, le voyant en danger, le prit sur ses épaules et l'emporta avec vitesse.

« Le 10 nivôse (31 décembre), on repartit de Suez, et le général en chef, laissant la caravane se diriger sur Aggeroud, courut au nord pour découvrir les vestiges de l'ancien canal, qu'il reconnut en effet, et suivit sur environ cinq lieues, jusqu'à l'entrée du bassin des lacs Amers où il se termine. Il rejoignit la caravane à Aggeroud, et se porta le 14 nivôse (4 janvier 1799), à Belbeïss, d'où il pénétra dix lieues dans l'Ouadi-Toumilat pour reconnaître la partie du canal qui avait été dérivée du Nil.

« Aussitôt après son retour au Caire, il fit fournir aux ingénieurs tous les moyens nécessaires pour un long séjour dans le désert, afin de pouvoir y faire avec facilité les opérations de lever de plan et de nivellement ; ceux-ci repartirent pour Suez le 24 nivôse (16 janvier), avec le général de brigade Junot, commandant de la place. »

(1) Martin. *Histoire de l'expédition d'Égypte.*

Bonaparte a raconté l'incident de la mer Rouge sur un ton plaisant à Sainte-Hélène.

« Profitant de la marée basse, je traversai la mer Rouge à pied sec. Au retour, je fus pris par la nuit, et m'égarai au milieu de la marée montante ; je courus le plus grand danger. Je faillis périr de la même manière que Pharaon, ce qui n'eût pas manqué de fournir à la chrétienté un texte magnifique contre moi. »

Bourrienne a conservé la date de cette journée, le 28 décembre 1798. « La nuit était profonde, dit-il, lorsque nous arrivâmes au bord de la mer. La marée montait et était assez haute. On s'écarta un peu du chemin qu'on avait pris le matin. Le guide nous avait trompés ; on s'égara, nous passâmes un peu trop bas. Le désordre se mit bientôt parmi nous, mais nous ne fûmes pas perdus dans des marais, comme on l'a dit, il n'y en a avait point. On ne se voyait pas, mais on criait, on s'appelait. Le général Cafarelli, auprès duquel j'étais par hasard dans cette bagarre, courut quelque danger, parce que sa jambe de bois l'empêchait de se bien tenir à cheval au milieu des eaux. On vint à son secours en le soutenant de chaque côté.

EXPÉDITION DE SYRIE

L'armée de Syrie était ainsi composée :

	hommes.
Division *Kléber*, ayant sous ses ordres les généraux *Verdier* et *Junot*.	2,300
Division *Reynier*. Général *Lagrange*.	2,100
Division *Lannes*. Généraux *Vaux*, *Robin* et *Rambeau*.	2,800
Division *Bon*. Généraux *Vial* et *Rampon*.	2,400
Cavalerie aux ordres du général *Murat*.	800
Artillerie, sous les ordres du général *Daumartin*	1,200
Génie, sous la direction du général *Cafarelli*.	340
Guides du général en chef et dromadaires.	488
Total.	12,428

Bonaparte a adressé plusieurs lettres au Directoire sur l'expédition de Syrie, et particulièrement sur le siège malheureux de Saint-Jean-d'Acre. Voici les motifs qu'il met en avant pour expliquer sa retraite :

« Aujourd'hui 21 floréal (10 mai), nous sommes maîtres des principaux points du rempart. L'ennemi a fait une seconde enceinte, ayant pour point d'appui le château de Djezzar.

» Il nous resterait à cheminer dans la ville ; il faudrait ouvrir la tranchée devant chaque maison, et perdre plus de monde que je ne le veux faire.

» La saison d'ailleurs est trop avancée ; le but que je m'étais proposé se trouve rempli ; l'Égypte m'appelle.

» Je fais placer une batterie de vingt-quatre pour raser le palais de Djezzar et les principaux monuments de la ville : je fais jeter un millier de bombes qui, dans un endroit aussi resserré, doivent faire un mal considérable. Ayant réduit Acre en un monceau de pierres, je repasserai le désert, prêt à recevoir l'armée européenne ou turque, qui, en messidor ou thermidor, voudrait débarquer en Egypte. »

Bonaparte termine ainsi :

» J'ai été parfaitement content de l'armée dans des événements et dans un genre de guerre si nouveau pour des Européens ; elle fait voir que le vrai courage et les talents guerriers ne s'étonnent de rien, et ne se rebutent d'aucun genre de privation. Le résultat sera, nous l'espérons, une paix avantageuse, un accroissement de gloire et de prospérité pour la République. »

Dans une autre lettre, datée de Jaffa le 8 prairial (27 mai), il ajoute, après avoir rendu compte de la sortie du 27 germinal :

« L'occasion paraissait favorable pour emporter la ville ; mais nos espions, les déserteurs et les prisonniers s'accordaient tous dans le rapport que la peste faisait d'horribles ravages dans la ville d'Acre, que, tous les jours, plus de soixante personnes en mouraient, que les symptômes en étaient horribles, qu'en trente-six heures on était emporté, au milieu de convulsions pareilles à celles de la rage.

» Répandu dans la ville, il eût été impossible d'empêcher le soldat de la piller, il aurait rapporté le soir, au camp, les germes de ce terrible fléau, plus à redouter que toutes les armées du monde. »

LE MASSACRE DE JAFFA

Nous empruntons à Miot, l'un des témoins oculaires des horribles scènes de Jaffa, le récit du massacre des prisonniers turcs :

» Le 20 ventôse (10 mars), dans l'après-midi, les prisonniers de Jaffa furent mis en mouvement au milieu d'un vaste bataillon carré formé par les troupes de la division du général Bon. Un bruit sourd du sort qu'on leur préparait me détermina, ainsi que beaucoup d'autres personnes, à monter à cheval et à suivre cette colonne silencieuse de victimes, pour m'assurer si ce qu'on m'avait dit était fondé. Les Turcs marchaient pêle-mêle, prévoyant déjà leur destinée ; ils ne versaient pas de larmes, ils ne poussaient point de cris : ils étaient résignés. Quelques-uns blessés, ne pouvant suivre aussi promptement, furent tués à coups de baïonnette. Quelques autres circulaient dans la foule et semblaient donner des avis salutaires dans un danger aussi imminent. Peut-être les plus hardis pensaient-ils qu'il ne leur était pas possible d'enfoncer le bataillon qui les enveloppait ; peut-être espéraient-ils qu'en se disséminant dans les champs qu'ils traversaient, un certain nombre échapperait à la mort. Toutes les mesures avaient été prises à cet égard, et les Turcs ne firent aucune tentative d'évasion.

» Arrivés enfin dans les dunes de sable au sud-ouest de Jaffa, on les arrêta auprès d'une mare d'eau jaunâtre. Alors l'officier qui commandait les troupes fit diviser la masse par petites portions, et ces pelotons conduits sur plusieurs points différents y furent fusillés. Cette horrible opération demanda beaucoup de temps, malgré le nombre des troupes réservées pour ce funeste sacrifice, et qui, je dois le déclarer, ne se prêtaient qu'avec une extrême répugnance au ministère abominable qu'on exigeait de leurs bras victorieux. Il y avait près de la mare d'eau un groupe de prisonniers, parmi lesquels étaient quelques vieux chefs au regard noble et assuré, et un jeune homme dont le moral était fortement ébranlé. Dans un âge si tendre, il devait se croire innocent, et ce sentiment le porta à une action qui parut choquer ceux qui l'entouraient. Il se précipita dans les jambes du cheval que montait le chef des troupes françaises ; il embrassa les genoux de cet officier, en implorant la grâce de la vie. Il s'écriait : « De quoi suis-je coupable ? quel mal ai-je fait ? » Les larmes qu'il versait, ses cris touchants furent inutiles ; ils ne purent changer le fatal arrêt prononcé sur son sort. A l'exception de ce jeune homme, tous les autres Turcs firent avec calme leur ablution dans cette eau stagnante dont j'ai parlé, puis, se prenant la main, après l'avoir portée sur le cœur et à la bouche, ainsi que se saluent les musulmans, ils donnaient et recevaient un éternel adieu. Leurs âmes courageuses paraissaient défier la mort; on voyait dans leur tranquillité la confiance que leur inspirait, à ces derniers moments, leur religion et l'espérance d'un avenir heureux. Ils semblaient se dire: « Je quitte ce monde pour aller jouir auprès de Mahomet d'un bonheur durable. » Ainsi, ce bien-être après la vie que lui promet le Coran, soutenait le musulman vaincu, mais fier dans son malheur.

» Je vis un vieillard dont le ton et les manières annonçaient un grade supérieur, je le vis... faire creuser froidement devant lui, dans le sable mouvant, un trou assez profond pour s'y enterrer vivant : sans doute il ne voulut mourir que par la main des siens. Il s'étendit sur le dos dans cette tombe tutélaire et douloureuse, et ses camarades, en adressant à Dieu des prières suppliantes, le couvrirent bientôt de sable, et trépignèrent ensuite sur la terre qui lui servait de linceul, probablement dans l'idée d'avancer le terme de ses souffrances.

» Ce spectacle qui fait palpiter mon cœur et que je peins encore trop faiblement, eut lieu pendant l'exécution des pelotons répartis dans les dunes. Enfin il ne restait plus de tous les prisonniers que ceux placés près de la mare d'eau. Nos soldats avaient épuisé leurs cartouches ; il fallut frapper ceux-ci à la baïonnette et à l'arme blanche. Je ne pus soutenir cette horrible vue ; je m'enfuis pâle et prêt à défaillir.

Quelques officiers me rapportèrent le soir que ces infortunés, cédant à ce mouvement irrésistible de la nature qui nous fait éviter le trépas, même quand nous n'avons plus l'espérance de lui échapper, s'élançaient les uns dessus les autres, et recevaient dans les membres les coups dirigés au cœur et qui devaient sur le champ terminer leur triste vie. Il se forma, puisqu'il faut le dire, une pyramide effroyable de morts et de mourants dégouttant le sang, et il fallut retirer les corps déjà expirés, pour achever les malheureux, qui, à l'abri de ce rempart affreux, épouvantable, n'avaient pas encore été frappés. »

Miot ajoute :

« Ce tableau est exact et fidèle, et le souvenir fait trembler ma main qui n'en rend point l'horreur (1). »

BATAILLE D'ABOUKIR

Les incidents de la journée d'Aboukir qui sauva l'armée française à la veille du départ de Bonaparte pour la France, sont ainsi relatés dans le rapport de Berthier :

» Le 7 thermidor (25 juillet), à la pointe du jour, l'armée se mit en mouvement ; l'avant-garde est

---

(1) Miot. *Mémoires pour servir à l'histoire des expéditions en Égypte et en Syrie.* Paris, 1814. Page 145 et suiv.

commandée par le général Murat, qui a sous ses ordres 400 hommes de cavalerie et le général de brigade d'Estaing, avec trois bataillons et deux pièces de canon.

» La division Lannes formait l'aile droite et la division Lanusse l'aile gauche. La division Kléber, qui devait arriver dans la journée, formait la réserve. Le parc couvert d'un escadron de cavalerie venait ensuite.

» Le général de brigade Davoust, avec deux escadrons et cent dromadaires, a ordre de prendre position entre Alexandrie et l'armée, autant pour faire face aux Arabes et à Mourad-Bey, qui pouvait arrriver d'un moment à l'autre, que pour assurer la communication avec Alexandrie.

» Le général Menou, qui s'était porté à Rosette, avait eu l'ordre de se trouver, à la pointe du jour, à l'extrémité de la barre de Rosette à Aboukir, au passage du lac Madié, pour canonner tout ce que l'ennemi aurait dans le lac, et lui donner de l'inquiétude sur sa gauche.

» Mustapha-Pacha avait sa première ligne à une demi-lieue en avant du fort d'Aboukir : environ mille hommes occupaient un mamelon de sable, retranché à sa droite sur le bord de la mer, soutenu par un village, à trois cents toises, occupé par douze cents hommes et quatre pièces de canon. Sa gauche était sur une montagne de sable, à gauche de la presqu'île isolée, à six cents toises de la première ligne ; l'ennemi occupait cette position, qui était mal retranchée, pour couvrir le puits le plus abondant d'Aboukir.

Quelques chaloupes canonnières paraissaient placées pour défendre l'espace de cette position à la seconde ligne ; il y avait deux mille hommes environ, et six pièces de canon.

» L'ennemi avait sa seconde position en arrière du village, à trois cents toises ; son centre était établi à la redoute qu'il avait élevée ; sa droite était placée derrière un retranchement prolongé depuis la redoute jusqu'à la mer, pendant l'espace de cent cinquante toises ; sa gauche, en partant de la redoute vers la mer, occupait des mamelons et la plage, qui se trouvait à la fois sous les feux de la redoute et sous ceux des chaloupes canonnières ; il avait, dans cette seconde position, à peu près sept mille hommes et douze pièces de canon. A cent cinquante toises derrière la redoute, se trouvaient le village d'Aboukir et le fort, occupés ensemble par environ quinze cents hommes ; quatre-vingts hommes à cheval formaient la suite du pacha, commandant en chef.

» L'escadre était mouillée à une demi-lieue dans la rade.

» Après deux heures de marche, l'avant-garde se trouve en présence de l'ennemi : la fusillade s'engage avec les tirailleurs.

» Bonaparte arrête les colonnes et fait ses dispositions d'attaque.

» Le général d'Estaing, avec ses trois bataillons, marche pour enlever la hauteur de la droite de l'ennemi, occupée par mille hommes. En même temps, un piquet de cavalerie a ordre de couper ce corps dans sa retraite sur le village.

La division Lannes se porte sur la montagne de sable, à la gauche de la première ligne de l'ennemi, où il avait deux mille hommes et six pièces de canon ; deux escadrons de cavalerie ont ordre d'observer et de couper ce corps dans sa retraite.

» Le reste de la cavalerie marche au centre.

» La division Lanusse reste en seconde ligne.

» Le général d'Estaing marche à l'ennemi au pas de charge ; celui-ci abandonne ses retranchements, et se retire sur le village ; la cavalerie sabre les fuyards.

» Le corps sur lequel marchait la division Lannes, voyant que la droite de sa première ligne est forcée de se replier, et que la cavalerie tourne sa position, veut se retirer après avoir tiré quelques coups de canon ; deux escadrons de cavalerie et un peloton de guides lui coupent la retraite, et forcent à se noyer dans la mer ce corps de deux mille hommes : aucun n'évite la mort ; le commandant des guides à cheval, Hercule, est blessé.

» Le corps du général d'Estaing marche sur le village, centre de la seconde ligne de l'ennemi ; il le tourne en même temps que le 32º de ligne l'attaque de front. L'ennemi fait une vive résistance ; sa seconde ligne détache un corps considérable par sa gauche pour venir au secours du village : la cavalerie le charge, le culbute et poursuit les fuyards, dont une grande partie se précipitent dans la mer.

» Le village est emporté, l'ennemi est poursuivi jusqu'à la redoute, centre de la seconde position. Cette position était très forte ; la redoute était flanquée par un boyau qui fermait à droite la presqu'île jusqu'à la mer. Un autre boyau se prolongeait sur la gauche, mais à peu de distance de la redoute ; le reste de l'espace était occupé par l'ennemi, qui était sur les mamelons de sable et dans les palmiers.

» Pendant que les troupes reprennent haleine, on met des canons en position au village, le long de la mer ; on bat la droite de l'ennemi et sa redoute.

» Les bataillons du général d'Estaing formaient, au village qu'il venait d'enlever, le centre d'attaques.

» Le général Fugières reçoit l'ordre de former en colonne le 18º de ligne, et de marcher le long de la mer, pour enlever au pas de charge la droite des Turcs. Le 32º, qui occupait la gauche du village, a l'ordre de tenir l'ennemi en échec et de soutenir le 18º.

» La cavalerie, qui formait la droite de l'armée, attaque l'ennemi par la gauche ; elle le charge avec impétuosité à plusieurs reprises : elle sabre et force à se jeter dans la mer tout ce qui est devant elle ; mais elle ne pouvait rester au delà de la redoute, se trouvant entre son feu et celui des canonnières ennemies. Emportée par sa valeur dans ce défilé de feux, elle se repliait aussitôt qu'elle avait chargé, et l'ennemi renvoyait de nouvelles forces sur les cadavres de ses premiers soldats.

» Cette obstination et ces obstacles ne font qu'irriter l'audace de la cavalerie ; elle s'élance et charge jusque sur les fossés de la redoute qu'elle dépasse : le colonel Duvivier est tué. L'adjudant général Roize, qui dirige les mouvements avec autant de sang-froid que de talent, le colonel des guides à cheval, Bessières, l'adjudant général Leturcq, sont à la tête des charges.

» L'artillerie de la cavalerie, celle des guides prennent position sous la mousqueterie ennemie, et, par le feu de mitraille le plus vif, concourent puissamment au succès de la bataille.

» L'adjudant général Leturcq juge qu'il faut un renfort d'artillerie ; il vient rendre compte au général en chef, qui lui donne un bataillon du 75ᵉ ; il rejoint la cavalerie ; son cheval est tué. Alors il se met à la tête de l'infanterie ; il vole du centre à la gauche, pour rejoindre le 18ᵉ, qu'il voit en marche pour attaquer les retranchements de la droite de l'ennemi.

» Le 18ᵉ marche aux retranchements : l'ennemi sort en même temps par sa droite ; les têtes des colonnes se battent corps à corps. Les Turcs cherchent à arracher les baïonnettes qui leur donnent la mort ; ils mettent le fusil en bandoulière, se battent au sabre et au pistolet. Enfin le 18ᵉ arrive jusqu'aux retranchements ; mais le feu de la redoute qui flanquait du haut en bas le retranchement où l'ennemi s'était rallié, arrête la colonne. Le général Fugières, l'adjudant général Leturcq font des prodiges de valeur. Le premier reçoit une blessure à la tête ; il continue néanmoins à combattre ; un boulet lui emporte le bras gauche ; il est forcé de suivre le mouvement du 18ᵉ, qui se retire sur le village dans le plus grand ordre, en faisant un feu très vif. L'adjudant général Leturcq avait fait de vains efforts pour déterminer la colonne à se jeter dans les retranchements ennemis. Il s'y précipite lui-même, mais il s'y trouve seul ; il y reçoit une mort glorieuse : le colonel Morangié est blessé.

» Une vingtaine de braves du 18⁰ restent sur le terrain. Les Turcs, malgré le feu meurtrier du village, s'élancent des retranchements pour couper la tête des morts et des blessés et obtenir l'aigrette d'argent que leur gouvernement donne à tout militaire qui apporte la tête d'un ennemi.

» Le général en chef avait fait avancer un bataillon du 22⁰ léger et un autre du 69⁰ sur la gauche de l'ennemi. Le général Lannes, qui était à leur tête, saisit le moment où les Turcs étaient imprudemment sortis de leurs retranchements ; il fait attaquer la redoute de vive force par sa gauche et par sa gorge. Le 22ᵉ et le 69ᵉ, un bataillon du 75ᵉ sautent dans le fossé, et sont bientôt sur le parapet et dans la redoute, en même temps que le 18⁰ s'était élancé de nouveau au pas de charge sur la droite de l'ennemi.

» Le général Murat, qui commandait l'avant-garde, qui suivait tous les mouvements, et qui était constamment aux tirailleurs, saisit le moment où le général Lannes lançait sur la redoute les bataillons des 22ᵉ et 69ᵉ, pour ordonner à un escadron de charger et de traverser toutes les positions de l'ennemi ; jusque sur le fossé du fort. Ce mouvement est fait avec tant d'impétuosité et d'à-propos, qu'au moment où la redoute est forcée, cet escadron se trouvait déjà pour couper à l'ennemi toute retraite dans le fort. La déroute est complète ; l'ennemi en désordre est frappé de terreur, trouve partout les baïonnettes et la mort. La cavalerie le sabre ; il ne croit avoir de ressources que dans la mer ; dix mille hommes s'y précipitent ; ils y sont fusillés et mitraillés. Jamais spectacle aussi terrible ne s'est présenté. Aucun ne se sauve ; les vaisseaux étaient à deux lieues dans la rade d'Aboukir. Mustapha-Pacha, commandant en chef l'armée turque, est pris avec deux cents Turcs ; deux mille restent sur le champ de bataille ; toutes les tentes, tous les bagages, vingt pièces de canon, dont deux anglaises, qui avaient été données par la cour de Londres au Grand Seigneur, restent au pouvoir des Français : deux canots anglais se dérobent par la fuite. Le fort d'Aboukir ne tire pas un coup de fusil ; tout est frappé de terreur ; il en sort un parlementaire, qui annonce que ce fort est défendu par 1.200 hommes. On leur propose de se rendre, mais les uns y consentent et les autres s'y opposent. La journée se passe en pourparlers ; on prend position ; on enlève les blessés.

» Cette dernière journée coûte à l'armée française cent cinquante hommes tués et sept cent cinquante blessés ; au nombre des derniers est le général Murat, qui a pris à cette victoire une part si honorable ; le colonel du génie Cretin, officier de premier mérite, meurt de ses blessures, ainsi que Guilbert, aide de camp du général en chef.

» Dans la nuit, l'escadre ennemie communique avec le fort. Les troupes qui y étaient restées se réorganisent ; le fort se défend ; on établit des batteries de mortiers et de canons pour le réduire.

» En attendant la reddition du fort, Bonaparte retourne à Alexandrie, dont il examine la situation.

» On ne saurait donner trop d'éloges au général Marmont sur les travaux de défense de cette place ; tous les services sont parfaitement organisés, et ce général a pleinement justifié la confiance que Bonaparte lui avait témoignée, lorsqu'il lui donna un commandement aussi important.

» Le 9 thermidor (26 juillet), le général en chef fait sommer le château d'Aboukir de se rendre. Le fils du pacha, son kiaya et les officiers veulent capituler ; mais les soldats s'y refusent.

» Le 9, on continue le bombardement.

» Le 10, plusieurs batteries sont établies sur la droite et sur la gauche de l'isthme ; quelques chaloupes canonnières sont coulées bas ; une frégate est démâtée et forcée de prendre le large.

» Le même jour, l'ennemi commençait à manquer de vivres. Il s'introduisit dans quelques maisons du village qui touchent le fort ; le général Lannes y accourt, il est blessé à la jambe ; le général Menou le remplace dans le commandement du siège.

» Le 12, le général Davoust était de tranchée ; il s'empare de toutes les maisons où était logé l'ennemi, et le jette ensuite dans le fort, après lui avoir tué beaucoup de monde. Le 22ᵉ d'infanterie légère et le colonel Magny, qui a été légèrement blessé, se sont parfaitement conduits : le succès de cette journée, qui a accéléré la reddition du fort, est dû aux bonnes dispositions du général Davoust.

» Le 15, le général Robin était de tranchée ; les batteries étaient établies sur la contrescarpe, et les mortiers faisaient un feu très vif ; le château n'était plus qu'un monceau de pierres. L'ennemi n'avait point de communication avec l'escadre ; il mourait de faim et de soif ; il prend le parti, non de capituler, ces hommes-là ne capitulent point, mais de jeter ses armes et de venir en foule embrasser les genoux du vainqueur. Le fils du pacha, le kiaya, et deux mille hommes ont été faits prisonniers. On a trouvé dans le château trois cents blessés et dix-huit cents cadavres ; il y a des bombes qui ont tué jusqu'à six hommes. Dans les vingt-quatre heures de la sortie de la garnison turque, il est mort plus de 400 prisonniers, pour avoir bu et mangé avec trop d'avidité.

» Ainsi cette affaire d'Aboukir coûte à la Porte dix-huit mille hommes, et une grande quantité de canons.

» Les officiers du génie Liédot et Bertrand, le commandant d'artillerie Faultrier, se sont comportés avec la plus grande distinction. L'ordre et la tranquillité n'ont cessé de régner parmi les habitants de l'Égypte, pendant les quinze jours qu'a duré cette expédition qui a terminé les glorieux travaux de Bonaparte en Égypte. »

Quelques jours après la bataille d'Aboukir, le général Murat fut promu au grade de général de division. Bonaparte ordonna que les noms de Murat, Roize, et les numéros des régiments de cavalerie présents à l'affaire d'Aboukir fussent gravés sur les pièces de bronze anglaises dont la cour de Londres avait fait présent au Grand Seigneur.

LE DÉPART DE BONAPARTE

Bonaparte, qui venait de remporter la bataille d'Aboukir et se préparait à quitter l'Égypte, mit tout en œuvre pour dissimuler son départ ; il écrivit, en conséquence, au divan du Caire les deux lettres suivantes :

Au divan du Caire, choisi parmi les gens les plus sages, les plus instruits et les plus éclairés. Que le salut du Prophète soit sur eux !

3 thermidor an VII (21 juillet 1799).

« Je vous écris cette lettre pour vous faire connaître qu'après avoir fait occuper le lac Natron et parcouru la Bahireh, pour rendre la tranquillité à ce malheureux peuple et punir nos ennemis, nous nous sommes rendus à Rahmanieh ; nous avons accordé un pardon général à la province, qui est aujourd'hui dans une situation parfaitement tranquille.

» Quatre-vingts bâtiments, petits et grands, se sont présentés pour attaquer Alexandrie ; mais ayant été accueillis par des bombes et des boulets, ils ont été mouiller à Aboukir, où ils commencent à débarquer. Je les laisse faire, parce que mon intention est, lorsqu'ils seront tous débarqués, de les attaquer, de tuer tout ce qui ne voudra pas se rendre, et de laisser la vie aux autres, pour les mener prisonniers ; ce qui sera un beau spectacle pour la ville du Caire. Ce qui avait conduit cette flotte ici était l'espoir de se réunir aux Mameluks et aux Arabes, pour piller et dévaster l'Égypte. Il y a sur cette flotte des Russes qui ont en horreur ceux qui croient à l'unité de Dieu, parce que, selon leurs mensonges, ils croient qu'il y en a trois ; mais ils ne tarderont pas à voir que ce n'est pas le nombre des Dieux qui fait la force, et qu'il n'y en a qu'un seul, Père de la victoire, clément et miséricordieux, combattant toujours pour les bons, confondant les projets des méchants, et qui dans sa sagesse a décidé que je viendrais en Égypte pour en changer la face, et substituer à un régime dévastateur un régime d'ordre et de paix. Il donne par là une marque de sa haute puissance ; car, ce que n'ont pu faire ceux qui croient à trois, nous l'avons fait, nous qui croyons qu'un seul gouverne la nature et l'univers.

» Et quant aux musulmans qui pourraient se trouver avec eux, ils seront réprouvés parce qu'ils se sont alliés, contre l'ordre du Prophète, à des puissances infidèles et à des idolâtres. Ils ont donc perdu la protection qui leur aurait été accordée ; ils périront misérablement. Le musulman qui est embarqué sur un bâtiment où est arborée la croix, celui qui tous les jours entend blasphémer contre le seul Dieu, est pire qu'un infidèle même.

» Je désire que vous fassiez connaître ces choses aux différents divans de l'Égypte, afin que les malintentionnés ne troublent pas la tranquillité des différents villages ; car ils périraient comme Damanhour et tant d'autres, qui ont par leur mauvaise conduite mérité ma vengeance.

» Que le salut de paix soit sur les membres du divan ! »

30 thermidor an VII (17 août 1799).

Au nom de Dieu clément et miséricordieux.

« Je pars demain pour me rendre à Menouf, d'où je ferai différentes tournées dans le Delta afin de voir par moi-même les injustices qui pourraient être commises, et prendre connaissance des hommes et du pays.

» Je vous recommande de maintenir la confiance parmi le peuple. Dites-lui souvent que j'aime les musulmans, et que mon intention est de faire leur bonheur. Faites-leur connaître que j'ai pour conduire les hommes deux grands moyens, la persuasion et la force ; qu'avec l'une je cherche à me faire des amis, qu'avec l'autre je détruis mes ennemis.

» Je désire que vous me donniez le plus souvent possible de vos nouvelles, et que vous m'informiez de la situation des choses. »

Au moment de s'embarquer, Bonaparte remit à Menou les instructions destinées à Kléber.

Au général Kléber.

Alexandrie, 5 fructidor an VII.

« Vous trouverez ci-joint, citoyen général, un ordre pour prendre le commandement de l'armée. La crainte que la croisière anglaise ne paraisse d'un moment à l'autre me fait précipiter mon voyage de deux ou trois jours. J'emmène avec moi les généraux Berthier, Lannes, Murat, Andréossy, Marmont, et les citoyens Monge et Berthollet.

» Vous trouverez ci-joint tous les papiers anglais et de Francfort jusqu'au 10 juin. Vous y verrez que nous avons perdu l'Italie, que Mantoue, Turin et Tortone sont bloqués. J'ai lieu de croire que la première de ces places tiendra jusqu'au mois de novembre ; j'ai l'espérance, si la fortune me sourit, d'arriver en Europe avant le commencement d'octobre.

» Vous trouverez ci-joint un chiffre pour correspondre avec le gouvernement, et un autre pour correspondre avec moi.

» Je vous prie de faire partir, dans le courant d'octobre, Junot, ainsi que les effets que j'ai laissés et mes domestiques. Cependant, je ne trouverais pas mauvais que vous engagiez à votre service tous ceux qui vous conviendront.

» L'intention du gouvernement est que le général Desaix parte pour l'Europe dans le courant de novembre, à moins d'événements majeurs.

» La commission des arts passera en France avec un parlementaire que vous demanderez à cet effet, conformément au cartel d'échange, dans le courant de novembre, immédiatement après qu'ils auront achevé leur mission ; ils sont, en ce moment-ci, occupés à ce qui reste à faire pour visiter la haute Égypte. Cependant, ceux que vous jugerez pouvoir vous être utiles, vous les mettrez en réquisition sans difficulté.

» L'effendi, fait prisonnier à Aboukir, est parti pour se rendre à Damiette. Je vous ai écrit de l'envoyer en Chypre. Il est porteur, pour le Grand Vizir, de la lettre dont vous trouverez copie ci-jointe.

» L'arrivée de notre escadre à Toulon, venant de Brest, et de l'escadre espagnole à Carthagène ne laisse aucune espèce de doute sur la possibilité de faire passer en Égypte les fusils, sabres et fers coulés dont vous aurez besoin, et dont j'ai l'état le plus exact, avec une quantité de recrues suffisante pour réparer la perte de deux campagnes. Le gouvernement vous fera connaître alors ses intentions, et moi, homme public ou particulier, je prendrai des mesures pour vous faire avoir fréquemment des nouvelles.

» Si, par des événements incalculables, toutes les tentatives étaient infructueuses, et qu'au mois de mai vous n'eussiez reçu aucun secours ni nouvelles de France ; si, cette année, malgré toutes les précautions, la peste était en Égypte, et que vous perdiez plus de 1500 soldats ; perte considérable, puisqu'elle serait en sus de celle que les événements de la guerre occasionneraient journellement ; je dis que, dans ce cas, vous ne devez pas vous hasarder à soutenir la campagne prochaine, et vous êtes autorisé à conclure la paix avec la Porte ottomane, quand même l'évacuation de l'Égypte devrait en être la condition principale. Il faudrait seulement éloigner l'exécution de cet ordre, si cela était possible, jusqu'à la paix générale. »

Bonaparte continuait en démontrant l'intérêt qu'il y avait à se maintenir en Égypte le plus longtemps possible et pour cela à ménager la religion musulmane et ses prêtres; il expliquait en détail les mesures à prendre pour la défense de l'Égypte et il ajoutait:

« Des vaisseaux de guerre paraîtront indubitablement cet hiver à Alexandrie ou à Bourlos, ou à Damiette. Faites construire une tour ou une batterie à Bourlos, tâchez de réunir cinq ou six cents Mameluks, que, lorsque ces vaisseaux français seront arrivés, vous ferez arrêter dans un jour au Caire ou dans d'autres provinces, et embarquer pour la France. A défaut de Mameluks, des otages d'Arabes, des cheiks El-Beled, qui, pour une raison quelconque, seront arrêtés pour y suppléer. Ces individus, arrêtés en France, y seront retenus un ou deux ans, verront la grandeur de la nation, prendront une idée de nos mœurs et de notre langue, et de retour en Égypte, nous formeront autant de partisans.

» J'avais déjà demandé plusieurs fois une troupe de comédiens; je prendrai un soin particulier d'en envoyer. Cet article est important pour l'armée, et pour commencer à changer les mœurs du pays.

» La place importante que vous allez occuper va vous mettre à même de déployer les talents que la nature vous a donnés. L'intérêt de ce qui se passe ici est vif, et les résultats en seront immenses sur le commerce et la civilisation. Ce sera l'époque d'où dateront de grandes révolutions.

» Accoutumé à ne voir la récompense des peines et des travaux de la vie que dans l'opinion de la postérité, j'abandonne l'Égypte avec le plus grand regret. L'intérêt de la patrie, sa gloire, l'obéissance, les événements extraordinaires qui viennent de se passer, me décident de traverser les escadres ennemies pour me rendre en Europe. Je serai d'esprit et de cœur avec vous ; vos succès me seront aussi chers que ceux où je me trouverai moi-même, et je regarderai comme mal employés tous les jours de ma vie où je ne ferai pas quelque chose pour vous. Consolidez le magnifique établissement dont les fondements viennent d'être jetés.

» L'armée que je vous confie est toute composée de mes enfants. J'ai eu dans tous les temps, même au milieu de leurs plus grandes peines, des marques de leur attachement. Entretenez-les dans ces mêmes sentiments ; vous le devez pour l'amitié et l'estime toute particulière que j'ai pour vous, et l'attachement que je vous porte.

» *Le général en chef,*
» *Signé :* BONAPARTE. »

S'adressant ensuite à l'armée, il avait annexé à cette lettre la proclamation suivante :

» SOLDATS,

» Les nouvelles de l'Europe m'ont décidé à partir pour la France ; je laisse le commandement de l'armée au général Kléber. L'armée aura bientôt de mes nouvelles. Il me coûte de quitter des soldats auxquels je suis le plus attaché; ce ne sera que momentanément, et le général que je leur laisse a la confiance du gouvernement et la mienne.

» *Signé :* Bonaparte. »

Dès que Kléber eut pris connaissance de ces documents, il adressa au Directoire une longue lettre, dans laquelle il exposait la triste situation de l'armée :

« Mon premier soin, disait-il, a été de prendre une connaissance exacte de la situation actuelle de l'armée.

» Vous savez, citoyens Directeurs, et vous êtes à même de vous faire représenter l'état de sa force lors de son arrivée en Égypte. Elle est réduite de moitié, et nous occupons tous les points capitaux du triangle des cataractes à El-Arich, d'El-Arich à Alexandrie, et d'Alexandrie aux cataractes.

» Cependant il ne s'agit plus aujourd'hui, comme autrefois, de lutter contre quelques hordes de Mameluks découragés, mais de combattre et de résister aux efforts réunis de trois grandes puissances, la Porte, les Anglais, et les Russes.

» Le dénuement d'armes, de poudre de guerre, de fer coulé et de plomb, présente un tableau tout aussi alarmant que la grande et subite diminution d'hommes dont je viens de parler; les essais de fonderie faits n'ont point réussi; la manufacture de poudre établie à Raouda n'a pas encore donné, et ne donnera probablement pas le résultat qu'on se flattait d'en obtenir ; enfin, la réparation des armes à feu est lente, et il faudrait, pour activer tous ces établissements, des moyens et des fonds que nous n'avons pas.

» Les troupes sont nues, et cette absence de vêtements est d'autant plus fâcheuse, qu'il est reconnu que dans ce pays elle est une des causes les plus actives des dysenteries et des ophtalmies, qui sont les maladies constamment régnantes. La première surtout a agi cette année puissamment sur des corps affaiblis et épuisés par les fatigues. Les officiers de santé remarquent et rapportent constamment que, quoique l'armée soit si considérablement diminuée, il y a cette année un nombre beaucoup plus grand de malades qu'il n'y en avait l'année dernière à la même époque.

. . . .
. . . .

» Les Mameluks sont dispersés, mais ils ne sont pas détruits. Mourad-Bey est toujours dans la haute Égypte, avec assez de monde pour occuper sans cesse une partie de nos forces. Si on l'abandonnait un moment, sa troupe se grossirait bien vite, et il viendrait nous inquiéter sans doute jusque dans cette capitale, qui, malgré la plus grande surveillance, n'a cessé jusqu'à ce jour de lui procurer des secours en argent et en armes.

» Ibrahim-Bey est à Gaza avec environ 2,000 Mameluks, et je suis informé que 30,000 hommes de l'armée du Grand Vizir et de Djezzar-Pacha y sont déjà arrivés.

» Le Grand Vizir est parti de Damas, il y a environ

vingt jours ; il est actuellement campé auprès d'Acre.

» Telle est, citoyens Directeurs, la situation dans laquelle le général Bonaparte m'a laissé l'énorme fardeau de l'armée d'Orient. Il voyait la crise fatale s'approcher : vos ordres, sans doute, ne lui ont pas permis de la surmonter. Que cette crise existe, ses lettres, ses instructions, sa négociation entamée, en font foi ; elle est de notoriété publique, et nos ennemis semblent aussi peu l'ignorer que les Français qui se trouvent en Éggpte.

. . . .

. . . . , .

» Le général Bonaparte, enfin, s'était fait illusion sur l'effet que devait produire le succès qu'il a obtenu au poste d'Aboukir. Il a en effet détruit la presque totalité des Turcs qui avaient débarqué. Mais qu'est-ce qu'une perte pareille pour une grande nation à laquelle on a ravi la plus belle portion de son empire... »

Et Kléber continuait :

» Je connais toute l'importance de la possession de l'Égypte ; je disais, en Europe, qu'elle était pour la France le point d'appui par lequel elle pourrait remuer le système du commerce des quatre parties du monde ; mais pour cela il faut un puissant levier ; ce levier, c'est la marine : la nôtre a existé ; depuis lors, tout a changé, et la paix avec la Porte peut seule, ce me semble, nous offrir une voie honorable pour nous tirer d'une entreprise qui ne peut plus atteindre l'objet qu'on avait pu s'y proposer.

» Je n'entrerai point, citoyens Directeurs, dans le

détail de toutes les combinaisons diplomatiques que la situation actuelle de l'Europe peut offrir, ils ne sont point de mon ressort.

» Dans la détresse où je me trouve, et trop éloigné du centre des mouvements, je ne puis guère m'occuper que du salut et de l'honneur de l'armée que je commande : heureux si, dans mes sollicitudes, je réussis à remplir vos vœux ; plus rapproché de vous, je mettrais toute ma gloire à vous obéir !

» Je joins ici, citoyens Directeurs, un état exact de ce qui nous manque en matériel pour l'artillerie, et un tableau sommaire de la dette contractée, et laissée par Bonaparte. »

» Salut et respect. *Signé :* KLÉBER. »

La dette contractée par Bonaparte s'élevait à 11,315,252 livres.

En post-scriptum, Kléber annonçait le débarquement d'une armée turque en Égypte. Ce fait confirmait ses prévisions.

RETOUR DE BONAPARTE A TOULON

Bourrienne raconte ainsi l'entrée du *Muiron* en rade de Toulon :

« Les marins n'ayant pas bien reconnu la côte pendant la nuit, nous ne savions où nous étions. Il y eut d'abord un moment d'hésitation pour savoir si nous avancerions. Nous n'étions pas attendus et nous ne savions comment répondre aux signaux changés en notre absence. Quelques coups de canon furent tirés des batteries de la côte ; mais notre marche franche dans la rade et l'affluence qui se portait sur le pont des deux frégates (le *Muiron* et la *Carrère*), nos signes de joie, ne permirent pas de douter longtemps que nous fussions des amis. Déjà, nous touchions presque au rivage, quand le bruit se répandit que le général Bonaparte était à bord. Alors, en un instant, la mer fut couverte d'embarcations ; en vain, nous les engagions à s'éloigner ; nous fûmes enlevés et portés à terre, et, si nous disions à la foule d'hommes et de femmes qui se pressaient autour de nous quel danger ils pouvaient courir, tous s'écriaient :

» — Nous aimons mieux la peste que les Autrichiens. »

DIVISION ADMINISTRATIVE

L'Égypte fut divisée par Kléber en huit provinces, savoir : la province de Thèbes, dont le chef-lieu était. . . . . Syout.
De Minieh, chef-lieu. . . . . . Bénissouef.
Gyzeh, Atfiely, et Kélioubeih, chef-
    lieu . . . . Le Caire.
La Charkieh, chef-lieu. . . . . Belbeïss.
Damiette et Mansourah, chef-lieu. . Damiette.
Garbié, chef-lieu. . . . . . . Semmenoud.

Menoufié, chef-lieu . . . .   Menouf.
Alexandrie, Rosette et Bahireh, chef-
　　lieu. . . . .   Alexandrie.

CAPITULATION D'ALEXANDRIE

Le général Menou était prodigue de proclamations déclamatoires qui excitèrent plus d'une fois l'ironie de l'armée. Très hostile à toute idée d'évacuation de l'Égypte, il adressa à ses troupes l'ordre du jour suivant, après la capitulation du Caire, conclue par le général Belliard :

« Généraux, officiers, sous-officiers, soldats de toutes les armes !

» Les troupes françaises qui étaient au Caire et forts environnants ont capitulé sans se battre, sans que la ville et les forts aient été attaqués régulièrement. Je ne me permets aucune réflexion sur cet événement, le plus extraordinaire peut-être qui soit arrivé à la guerre, parce que je craindrais d'envelopper dans le déshonneur des hommes qui, jusqu'à présent, s'étaient montrés dignes du nom français et de républicain.

» Je vous déclare que j'ai rassemblé autour de moi les lieutenants généraux Friant et Rampon, les généraux de division Songis, d'Estaing, Zayonchek, et le général de brigade Samson, commandant le corps du génie. Tous ont été d'avis que nous devions nous conduire ici comme le doivent faire des hommes qui ne connaissent d'autre règle de conduite que l'honneur et l'attachement à leur patrie.

» Soldats! vous avez montré jusqu'à présent tant de dévouement, de patience et de courage, que je ne vous fais pas l'affront de douter un seul instant de la conduite que vous tiendrez. Nous montrerons ce que peuvent de braves soldats. Nous nous défendrons jusqu'à la mort; mais s'il en était parmi vous, et parmi les autres Français qui sont ici, qui ne se sentent pas l'énergie nécessaire pour combattre encore pendant longtemps les ennemis de la République, la porte leur est ouverte, je les enverrai à Rosette, où doivent se réunir sous peu de jours les troupes qui descendent du Caire.

» *Signé* : ABDALLAH JACQUES MENOU. »

Quelques jours plus tard, les généraux firent comprendre à Menou qu'il était temps d'imiter le général Belliard et les troupes du Caire et de conclure une capitulation honorable.

Des propositions furent adressées au commandant anglais. Celui-ci répondit aussitôt :

MONSIEUR LE GÉNÉRAL,

« Si vous êtes de bonne foi, vous accepterez les articles suivants :

» 1° L'armée française que vous commandez sera transportée en France avec armes, bagages, et seulement dix pièces de canon de campagne;

» 2° La place sera remise au bout de dix jours, l'embarquement aura lieu dans les dix jours suivants, le départ aussitôt que la flotte sera prête ;

» 3° Quant à la commission des Sciences et Arts, elle n'emportera aucun des monuments publics, ni manuscrits arabes, ni cartes, ni dessins, ni mémoires, ni collections ; et elle les laissera à la disposition des généraux et commandants anglais ;

» 4° Les détails d'exécution seront les mêmes que pour la Convention au Caire. »

LA PESTE

Avant même le pillage de Jaffa, le siège de Saint-Jean-d'Acre, la peste fit de grands ravages dans l'armée. Bonaparte prescrivait au général Marmont, le 9 pluviôse an VII, de faire observer par ses troupes certaines précautions hygiéniques :

« Tous vos bataillons, écrivait-il, sont l'un de l'autre au moins à une demi-lieue. Ne tenez que très peu de chose dans la ville, et comme c'est le poste le plus dangereux n'y tenez point de troupes d'élite... Mettez le bataillon de la 75ᵉ sous ces arbres où vous aviez été longtemps avec la 4ᵉ d'infanterie légère ; qu'il se baraque là, en s'interdisant toute communication avec la ville et l'Égypte, mettez le bataillon de la 85ᵉ du côté de Marabou. Vous pourrez facilement l'approvisionner par mer. Quant à la malheureuse demi-brigade d'infanterie légère, faites-la mettre nue comme la main, faites-lui prendre un bon bain de mer, qu'elle se frotte de la tête aux pieds, qu'elle lave bien ses habits et que l'on veille à ce qu'elle se tienne propre. Qu'il n'y ait plus de parade, qu'on ne monte plus de garde, que chacun reste dans son camp. Faites faire une grande fosse de chaux vive pour y jeter les morts.

» Dès l'instant que dans une maison française il y a la peste, que les individus se campent ou se baraquent; mais qu'ils fuient cette maison avec précaution, et qu'ils soient mis en réserve en plein champ. Enfin, ordonnez qu'on se lave les mains, le visage tous les jours, et qu'on se tienne propre.

» Si vous ne pouvez pas garantir la totalité des corps où cette maladie s'est déclarée, garantissez au moins la majorité de votre garnison. »

Après l'expédition de Syrie, la peste redoubla; les effectifs de certains régiments furent tellement réduits, qu'on dut enrôler, pour les compléter, des esclaves noirs. La 21ᵉ demi-brigade était ainsi composée en majorité à la fin de la campagne de nègres ou d'indigènes. Quelques-uns seulement accompagnèrent l'armée en France; les autres restèrent en Égypte.

BONAPARTE ET SAINT LOUIS

Dans le récit de ses campagnes en Italie et en Égypte dicté à Sainte-Hélène, Napoléon a résumé en quelques phrases son expédition d'Alexandrie au Caire et l'a comparée à celle que dirigea saint Louis dans le Delta du Nil, 450 ans auparavant.

En 1798, y est-il dit, l'escadre française arrive devant Alexandrie le 1er juillet à dix heures du matin. L'armée opère le même jour son débarquement. Elle est le lendemain maîtresse d'Alexandrie. Le 10, elle arrive à El-Rahmanieh, sur le Nil. Le 13, elle donne une bataille. Le 21, elle en donne une autre. Le 23, elle entre au Caire. Les Mameluks sont détruits, toute la basse Égypte et la capitale sont soumises en vingt-trois jours.

Saint Louis paraît devant Damiette le 5 juin 1250. Il débarque le lendemain. L'ennemi évacue la ville de Damiette; il y entre le même jour. Du 6 juin au 6 décembre, c'est-à-dire pendant six mois, il ne bouge point de la ville. Au commencement de décembre, il se met en marche. Il arrive le 17 vis-à-vis de Mansourah, sur les bords du canal d'Achmoun. Ce canal, qui a été un ancien bras du Nil, est fort large et plein d'eau dans cette saison; il y campe deux mois. Le 12 février 1251, les eaux sont basses, il passe le canal, il livre une bataille huit mois après son débarquement à Damiette.

Si le 6 juin 1250, les Français eussent manœuvré

comme ils l'ont fait en 1798, ils seraient arrivés le 12 juin devant Mansourah, ils auraient trouvé le canal d'Achmoun à sec, car c'est le moment où les eaux du Nil sont le plus basses ; ils fussent arrivés le 25 juin au Caire; le grand bras du Nil à cette époque n'a que cinq pieds d'eau ; ils auraient conquis la basse Égypte et la capitale dans le mois de leur arrivée.

..... Mais en huit mois, les musulmans eurent le temps de revenir de leur étonnement et d'appeler du secours. Des troupes accoururent de la haute Égypte, de l'Arabie et de la Syrie. Saint Louis fut battu, fait prisonnier et chassé d'Égypte.

Si, en 1798, les Français eussent manœuvré comme saint Louis ; s'ils eussent passé juillet, août, septembre, octobre, novembre et décembre, sans quitter les environs d'Alexandrie, ils auraient trouvé en janvier et février des obstacles insurmontables. Damanhour, El-Rahmanieh et Rosette auraient été retranchés, couverts de canons et de troupes, ainsi que le Caire et Giseh. 12,000 Mameluks, 15, ou 20,000 Arabes à cheval et 40 ou 50,000 janissaires, Azabs ou milices, eussent été réunis et retranchés dans ces positions... Quelque succès que l'armée française eût pu avoir dans des rencontres, la conquête eût été impossible, et il eût fallu se rembarquer.

En 1250, l'Égypte était moins en état de se défendre et plus dépourvue de défenseurs qu'en 1798 ; mais saint Louis ne sut pas en profiter ; il passa huit mois à prier lorsqu'il eût fallu les passer à marcher, à combattre et à s'établir dans le pays.

TABLE DES MATIÈRES

	Pages
INTRODUCTION	1

I. Gozzo-Malte. — Départ de Marseille. — Toulon. — Le commandant de l'*Élisabeth*. — L'*Orient* vaisseau amiral. — Prise de Gozzo. — Malte.   11

II. Alexandrie. — Le débarquement à la Tour des Arabes. — Prise d'Alexandrie. — Marche sur le Caire.   28

III. Les Pyramides. — Une revue de Bonaparte. — Combat de Chebreïss. — Nouvelle tactique. — Marche pénible. — Bataille des Pyramides.   47

IV. Le Caire. — Occupation du Caire. — Promenade dans la ville. — Un guide italien. — Combat d'Elanka. — Une singulière armée. — Le général Leclerc. — Séjour à Saleich et à Corahim. — Bonaparte à Suez.   61

V. La Syrie. — Causes de l'expédition. — Marche à travers le désert. — Le miracle du tambour. — Prise d'El-Arich. — La pluie. — Gaza. — Séjour à Ramleh. — Assaut et pillage de Jaffa.   92

VI. Saint-Jean-d'Acre. — Premier assaut. — Le chef de bataillon Bernard. — Bombardement. — L'assaut général. — La retraite. — Malades et blessés. — Retour au Caire. — Aboukir. — Départ de Bonaparte.   129

VII. Héliopolis. — Kléber. — Traité d'El-Arich. — Mauvaise foi des Anglais. — Bataille d'Héliopolis. — Insurrection du Caire. — Belle conduite de deux cents Français. — Assassinat de Kléber 143

VIII. L'Évacuation. — Le nouveau commandant en chef Menou. — L'escadre anglaise. — Prise d'Aboukir par les Anglais. — Bataille de Canope. — Dissentiments entre les généraux. — Le général Belliard au Caire. — Convention d'évacuation. — Embarquement à Aboukir. . 165

IX. Fin de la campagne. — Reddition d'Alexandrie. 184

NOTES ET DOCUMENTS

Composition de l'armée d'Orient. — Forces de terre et de mer. — Administration. — Commission des Sciences et des Arts. 189
Les rapports du consul de France Mengallon. . 196
Bonaparte au pacha du Caire. 198
Combat naval d'Aboukir. 199
Bonaparte à Suez. 206
Expédition de Syrie. 209
Le massacre de Jaffa 211
Bataille d'Aboukir (rapport du général Berthier) 214
Le départ de Bonaparte. 224
Son retour à Toulon. 234
Division administrative de l'Égypte. 235
Capitulation d'Alexandrie. 236
Lettre de Bonaparte à Marmont. 238
Bonaparte et saint Louis. 240

Tours. — Imp. E. Mazereau.

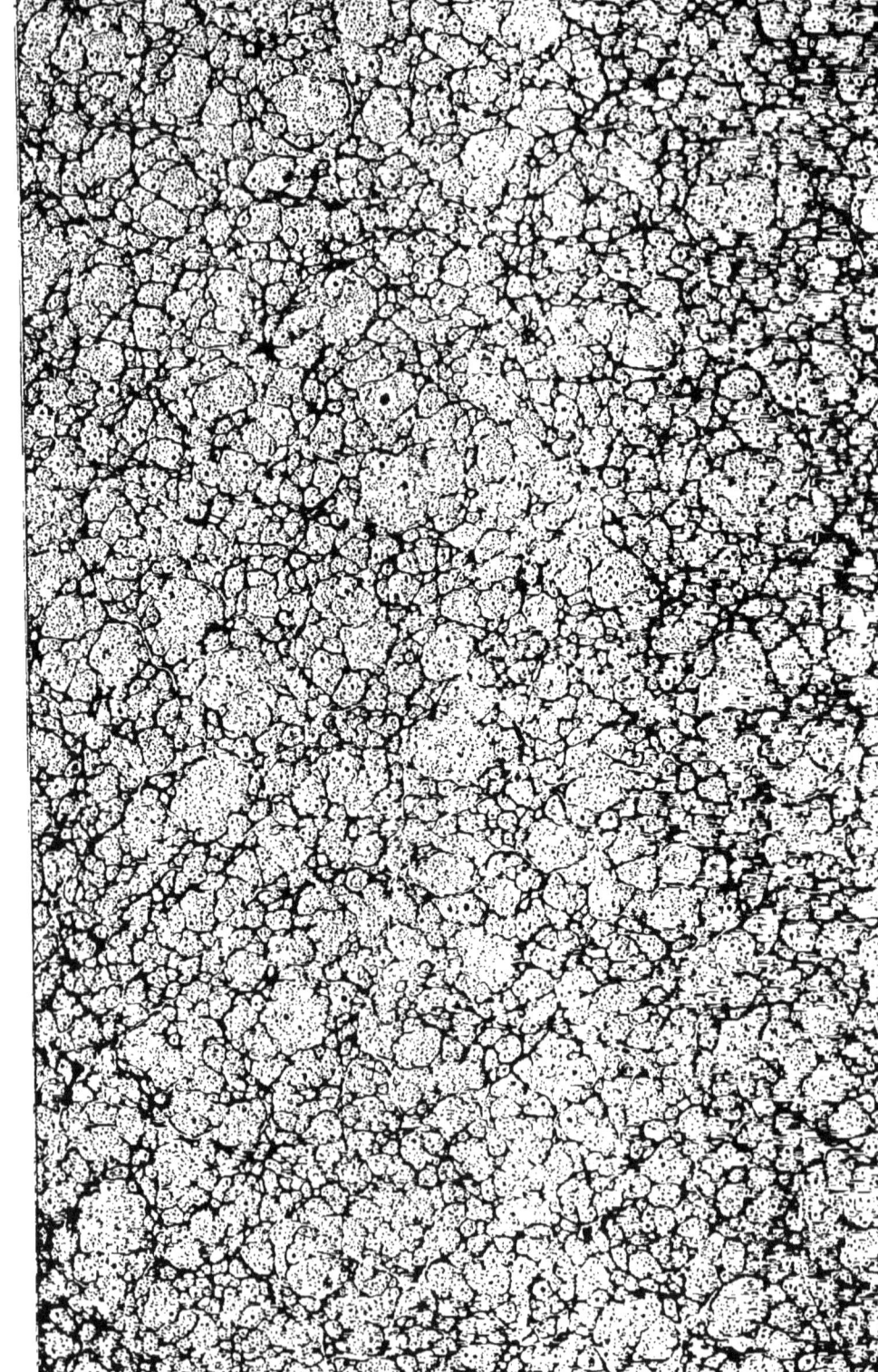

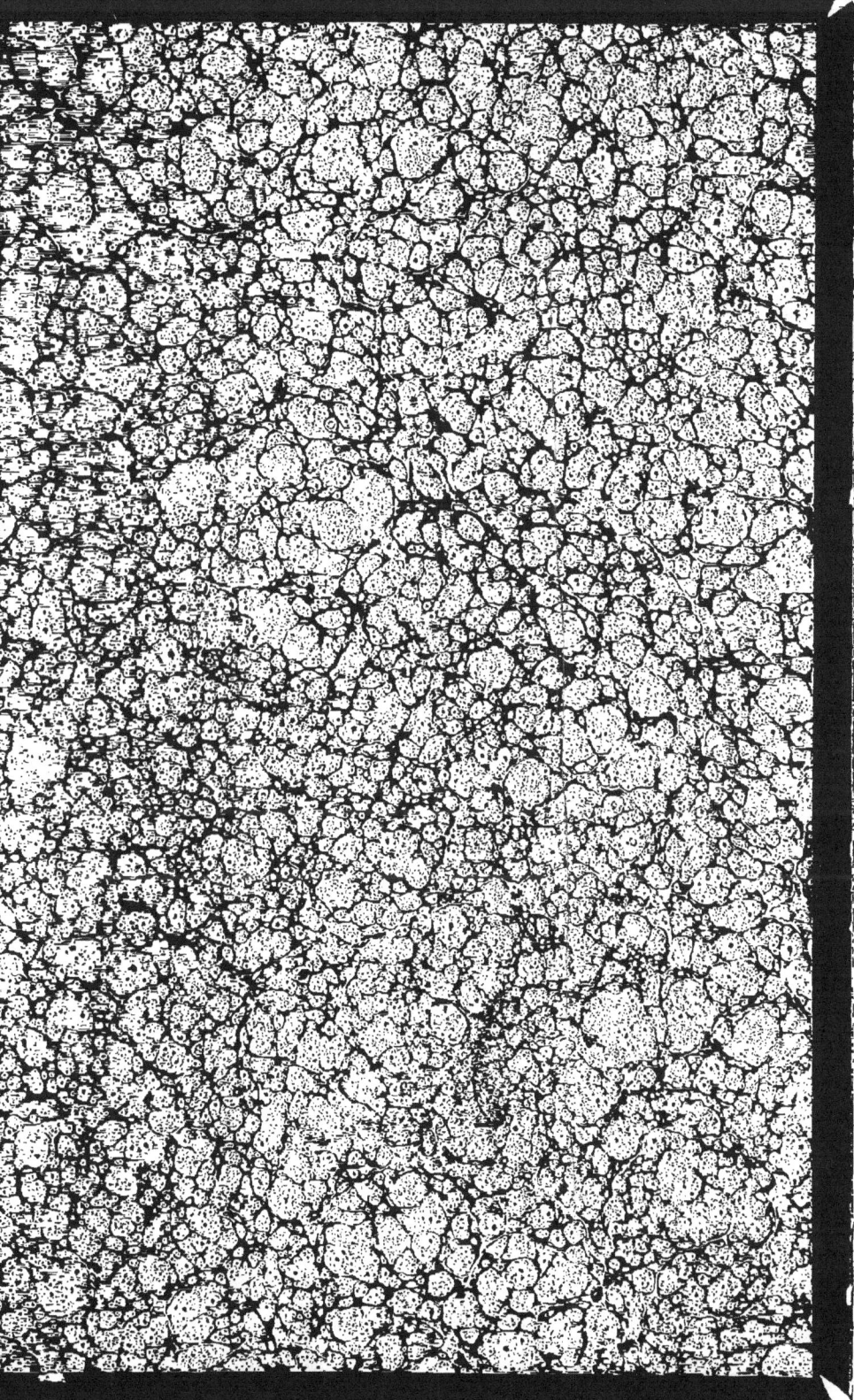

www.ingramcontent.com/pod-product-compliance
Lightning Source LLC
Chambersburg PA
CBHW070626170426
43200CB00010B/1927